Sylvia M. Wilz

Entscheidungsprozesse in Organisationen

Studientexte zur Soziologie

Herausgeber:
Heinz Abels, Nina Baur, Werner Fuchs-Heinritz
Wieland Jäger, Uwe Schimank, Rainer Schützeichel

Die „Studientexte zur Soziologie" wollen eine größere Öffentlichkeit für Themen, Theorien und Perspektiven der Soziologie interessieren. Die Reihe soll in klassische und aktuelle soziologische Diskussionen einführen und Perspektiven auf das soziale Handeln von Individuen und den Prozess der Gesellschaft eröffnen. In langjähriger Lehre erprobt, sind die Studientexte als Grundlagentexte in Universitätsseminaren, zum Selbststudium oder für eine wissenschaftliche Weiterbildung auch außerhalb einer Hochschule geeignet. Wichtige Merkmale sind eine verständliche Sprache und eine unaufdringliche, aber lenkenden Didaktik, die zum eigenständigen soziologischen Denken anregt.

Sylvia M. Wilz

Entscheidungsprozesse in Organisationen

Eine Einführung

Bibliografische Information der Deutschen Nationalbibliothek
Die Deutsche Nationalbibliothek verzeichnet diese Publikation in der
Deutschen Nationalbibliografie; detaillierte bibliografische Daten sind im Internet über
<http://dnb.d-nb.de> abrufbar.

1. Auflage 2010

Alle Rechte vorbehalten
© VS Verlag für Sozialwissenschaften | Springer Fachmedien Wiesbaden GmbH 2010

Lektorat: Frank Engelhardt

VS Verlag für Sozialwissenschaften ist eine Marke von Springer Fachmedien.
Springer Fachmedien ist Teil der Fachverlagsgruppe Springer Science+Business Media.
www.vs-verlag.de

Das Werk einschließlich aller seiner Teile ist urheberrechtlich geschützt. Jede Verwertung außerhalb der engen Grenzen des Urheberrechtsgesetzes ist ohne Zustimmung des Verlags unzulässig und strafbar. Das gilt insbesondere für Vervielfältigungen, Übersetzungen, Mikroverfilmungen und die Einspeicherung und Verarbeitung in elektronischen Systemen.

Die Wiedergabe von Gebrauchsnamen, Handelsnamen, Warenbezeichnungen usw. in diesem Werk berechtigt auch ohne besondere Kennzeichnung nicht zu der Annahme, dass solche Namen im Sinne der Warenzeichen- und Markenschutz-Gesetzgebung als frei zu betrachten wären und daher von jedermann benutzt werden dürften.

Umschlaggestaltung: KünkelLopka Medienentwicklung, Heidelberg
Gedruckt auf säurefreiem und chlorfrei gebleichtem Papier
Printed in the Netherlands

ISBN 978-3-531-16771-8

Inhaltsverzeichnis

1 Einleitung: Entscheidungsprozesse in Organisationen..........7

2 Das Beispiel: Personalentscheidungen in einem
Versicherungsunternehmen..........15

2.1 Die Entscheidung über die stellvertretende Gruppenleitung:
Der Fall im Überblick..........15

2.2 Material und Methode, Empirie und Theorie..........18

2.3 Die Organisation..........22
2.3.1 Das Versicherungsunternehmen..........22
2.3.2 Der Umstrukturierungsprozess in der Zweigstelle..........24
2.3.3 Arbeitsaufgaben und Arbeitspraxis..........29

2.4 Struktur und Handlung, Deutung und Entscheidung..........32
2.4.1 Die Arbeitsgruppen..........34
2.4.2 Die Akteure..........36
2.4.3 Die Interviews..........37

3 Perspektiven auf das Entscheiden..........63

3.1 Entscheidungen in Organisationen..........63
3.1.1 Zum Verständnis von Entscheidungen..........63
3.1.2 Elemente von Entscheidungsprozessen..........72
3.1.3 Entscheidungen im Kontext..........74

3.2 Entscheiden als rationale Wahl..........80
3.2.1 Rationale Wahl..........81
3.2.2 Herr Conrad als rationaler Akteur..........86
3.2.3 Legitimationen und Rationalitätsfiktionen..........92

3.3 Entscheiden als mikropolitischer Prozess..........97
3.3.1 Spiele und Aushandlungen..........99
3.3.2 Herr Conrad und die anderen..........102
3.3.3 Weiterführungen..........110

3.4 Entscheiden als soziale Praxis 112
3.4.1 Struktur, Handlung, Praxis.. 114
3.4.2 Herr Conrad im Kontext: Kontrollierte Emotionalität 118
3.4.3 Zusammenfassung und offene Fragen 123

4   Zusammenfassung: Entscheidung und Organisation 127

Literatur 133

1 Einleitung: Entscheidungsprozesse in Organisationen

In einem Interview wurde James G. March, einer der weltweit einflussreichsten Organisations- und Entscheidungsforscher, gefragt: „Herr March, seit mehr als 40 Jahren forschen Sie zu Fragen der Entscheidungsfindung in Organisationen. Welcher Begriff von ‚Organisation' liegt Ihren Forschungen zu Grunde?" Und James March antwortet: „Das kann ich Ihnen absolut nicht beantworten."

„Im ersten Buch", erläutert er, „das ich mit Herbert Simon geschrieben habe, sagten wir, es sei einfacher, das Phänomen jeweils nach und nach zu spezifizieren, statt es vorweg definitiv zu fixieren. Es hat sich gezeigt, dass wir Recht hatten. Da ich auch ohne eine Definition von ‚Organisation' ein ziemlich glückliches Leben geführt habe, sehe ich keinen Grund, sie jetzt zu definieren." (March 2001: 21)

Viele Lehrbücher tun das Gegenteil, und das durchaus aus gutem Grund. Sie beginnen damit, den Gegenstand, mit dem sie sich befassen wollen, möglichst genau begrifflich zu bestimmen und stellen so von Anfang an klar, worum es geht – beispielsweise darum, dass Organisationen „soziale Gebilde [sind], die dauerhaft ein Ziel verfolgen und eine formale Struktur aufweisen, mit deren Hilfe Aktivitäten der Mitglieder auf das verfolgte Ziel ausgerichtet werden sollen" (Kieser/Kubicek 1992: 4). Mit einer solchen Klarstellung ist aber gleichzeitig eine Perspektive auf den Gegenstand festgelegt, die weitere Festlegungen nach sich zieht: bestimmte Aspekte werden ausgeschlossen, anders gelagerte Perspektiven werden ausgeblendet, und die Leserinnen und Leser werden hineingezogen in eine Sicht, die ihnen als die einzig richtige erscheinen muss, obwohl es vielleicht auch andere überzeugende geben mag. Dafür lernen sie die mit einer begrifflichen Festlegung verbundene Theorie erst einmal für sich und vertieft kennen. March's Weg ist ein anderer: Dadurch, dass begriffliche Festlegungen offen gelassen werden, wird implizit klar, dass es viele Perspektiven auf den Gegenstand geben muss. Mit dem Blick auf den Gegenstand können die verschiedenen Perspektiven dann problembezogen erarbeitet und verglichen werden. Genau das ist auch der Ausgangspunkt dieses Lehrbuchs. Hier wird keine organisationstheoretische Festlegung oder begriffliche Vorabbestimmung von Organisation in den Mittelpunkt gestellt, sondern die Beschäftigung mit einem Phänomen, das für und in Organisationen von herausragender Bedeutung ist: das Entscheiden.[1]

In Organisationen werden, das ist jedem/jeder bereits aus eigener Erfahrung klar, tagtäglich unzählige Entscheidungen getroffen: Entscheidungen darüber, welches Formular für welchen Vorgang zu verwenden ist, wer mit wem zu Tisch geht, ob eine Abteilung mit einer anderen zusammengelegt wird, welche Kampagne zur Einführung eines neuen Produkts als erfolgversprechendste einzuschätzen ist oder ob ein in der Öffentlichkeit angeschlagener Vorstandsvorsitzender seinen Hut zu nehmen hat. Schon diese ganz kleine Auswahl typischer Entscheidungssituationen macht deutlich: Entscheidungen sind grundlegend für Organisationen.[2] Sie sind von kleiner oder von großer Reichweite, sie betreffen eine oder mehrere Personen, sie werden in Sekundenschnelle getroffen oder in monatelangen Abstimmungsprozessen erarbeitet. Sie transportieren die Interessen der beteiligten Akteure, sie werden umgesetzt oder ignoriert, und sie beeinflussen alle nachfolgenden Entscheidungen.

Gegenstand dieses Lehrbuchs ist, an einem empirischen Fall zu untersuchen, wie Entscheidungsprozesse in Organisationen ablaufen. In diese Untersuchung werden wichtige organisationstheoretische Perspektiven einbezogen, und es werden sowohl entscheidungs- als auch organisationssoziologische Begriffe erarbeitet. Dabei werden Grundzüge der herangezogenen Theorien vorgestellt, und es werden verschiedene Formen des Entscheidens thematisiert: das Entscheiden als gedanklicher, auf die Sache fokussierter Prozess, das Entscheiden in interessegeleiteten, konflikthaften Akteurkonstellationen, und das Entscheiden im Lauf des alltäglichen Tuns in Organisationen.

Als Fallbeispiel wird eine Personalentscheidung in einer Arbeitsorganisation näher betrachtet. Dieser Fall kann die folgenden Überlegungen zum Thema „Organisation" und „Entscheidungen" gut veranschaulichen, denn Entscheidungen über die Besetzung von Stellen, die Rekrutierung und Auswahl von Personal, über die Versetzung, Beförderung oder Degradierung von Mitarbeitern und Mitarbeiterinnen gehören zu den zentralen Aufgaben von Organisationen. Sie sind komplex, sie erfordern häufig einen hohen Aufwand, sie haben nachhaltige

---

1 Das bedeutet nicht, dass es keine theoretischen Prämissen gäbe, die die Sicht auf das Phänomen prägten: Eine Vorentscheidung, die hier getroffen wird, ist beispielsweise die, dass Akteure in Organisationen eine zentrale Rolle spielen und dass ihr absichtsvolles und nicht-absichtsvolles Handeln und Entscheiden Organisationen (mit) konstituiert (vgl. weiter zur theoretischen Rahmung die Einleitungen in Kap. 2.4 und 3.4 sowie die Kap. 3.3.1 und 3.4.1). Die theoretischen Perspektiven und Begriffe werden hier aber nach und nach und in Verbindung mit der empirischen Untersuchung entwickelt.

2 So grundlegend, dass die neuere Systemtheorie definiert, dass Organisationen „Systeme sind, die aus Entscheidungen bestehen" (Luhmann 1988: 166; vgl. exemplarisch Luhmann 1984, 1988, 2000; siehe auch Exkurs „Entscheidungen aus Zufall, Entscheidungen als Reaktion auf Erwartungen" in Kap. 3.2.3).

1 Einleitung: Entscheidungsprozesse in Organisationen

Effekte auf die Organisation und sie sind unter Umständen mit hohen Kosten verbunden (zum Beispiel dann, wenn sich eine Personalauswahl als komplette Fehlbesetzung erweist). Ein berühmtes Beispiel für die Erörterung des Problems der Personalauswahl und der Stellenbesetzung findet sich bei einem der Klassiker der Organisationsforschung. Frederick Taylor, der als Begründer der „wissenschaftlichen Betriebsführung" zeigen wollte, wie man Wirtschaftsorganisationen möglichst effektiv und effizient gestaltet, schildert folgende Szene:

> „Schmidt", fragt der Ingenieur Taylor einen Arbeiter in einem Stahlwerk, „sind Sie eine erste Kraft?" „Well, – ich verstehe Sie nicht." „Oh ja, Sie verstehen mich ganz gut. Ich möchte wissen, ob Sie ein erste Kraft sind oder nicht?" „Ich kann Sie nicht verstehen." „Heraus mit der Sprache! Ich möchte wissen, ob Sie eine erste Kraft sind oder einer, der den übrigen billigen Arbeitern gleicht. Ich möchte wissen, ob Sie Doll. 1,85 pro Tag verdienen wollen oder ob Sie mit Doll. 1,15 zufrieden sind, d.h. mit dem, was diese billigen Leute da bekommen." „1,85 Doll. pro Tag verdienen wollen, heißt man das eine erste Kraft? Well, dann bin ich so einer." „Sie machen mich ärgerlich. Freilich wollen Sie 1,85 Doll. pro Tag, das will jeder. Sie wissen recht gut, dass das sehr wenig damit zu tun hat, ob Sie eine erste Kraft sind. Antworten Sie endlich auf meine Fragen und stehlen Sie mir nicht meine Zeit! Kommen Sie hierher; sehen Sie diesen Haufen Roheisen?" „Ja." „Sehen Sie diesen Waggon?" „Ja." „Wenn Sie eine erste Kraft sind, dann laden Sie dieses Roheisen morgen für 1,85 Doll. in den Waggon! Nun wachen Sie auf und antworten Sie auf meine Fragen! Sagen Sie mir, sind Sie eine erste Kraft oder nicht?" „Well, bekomme ich 1,85 Doll., wenn ich diesen Haufen Roheisen morgen auf den Wagen da lade?" „Ja, natürlich, und tagtäglich, jahraus, jahrein bekommen Sie 1,85 Doll. für jeden solchen Haufen, den Sie verladen; das ist, was eine erste Kraft tut." „Well, dot's all right. Ich kann also dieses Roheisen morgen für 1,85 Doll. auf den Wagen laden und bekomme das jeden Tag, ja?" „Gewiß, gewiß." „Well, dann bin ich eine erste Kraft." (Taylor 2004, zuerst: 1913: 47)

Was macht dieses Beispiel deutlich, abgesehen davon, dass die Frage der „Kombination" von Arbeit, Entlohnung und Personal die Forschung über und die Praxis von Organisationen offensichtlich seit bald hundert Jahren beschäftigt? Es handelt sich ja erst einmal gar nicht um eine Personalentscheidung. Vielmehr scheint es um Lohnverhandlungen zu gehen, um die Motivation eines Arbeiters, um das Überprüfen seiner Selbsteinschätzungen und darum, Zusammenhänge zwischen Lohn und Leistung aufzuzeigen: Wer eine bestimmte Menge Roheisen pro Tag wegschaufelt, erhält dafür 1,85 $ und darf sich für einen erstklassigen Arbeiter halten. Diese Interaktion zwischen Vorgesetztem und Arbeiter, und das ist der Punkt, ist aber verbunden mit früheren und späteren Entscheidungen. Frühere Entscheidungen geben den Rahmen vor, in dem Probleme und Kriterien (des Arbeitseinsatzes, der Personalbeurteilung usw.) definiert werden, sie bestimmen die „Umgebung" des Entscheidung-Treffens: Der zitierten Kommunikation zwischen Vorgesetztem und Arbeiter werden Entscheidungen darüber, wie Arbeiter beurteilt und unter welchen Bedingungen sie eingesetzt werden sollen, voran gegangen sein, und es wird ihr eine Entscheidung darüber gefolgt sein, ob und wo der befragte Arbeiter eingesetzt werden soll. Sie diente möglicherweise auch dazu, Entscheidungen über Personalauswahl und -einsatz zu legitimieren. Was sie in jedem Fall deutlich macht ist, dass das Treffen von (Personal)Entscheidungen mit anderen Dimensionen des Organisierens verbunden ist – zum Beispiel mit der formalen hierarchischen Struktur einer Organisation, mit den Prozessen und Prinzipien von Führung und Steuerung, mit Macht und Herrschaft, mit den Kommunikationen und Interaktionen zwischen Organisationsmitgliedern, mit der Motivation und Motivierung der Organisationsmitglieder, mit deren Selbst- und Fremdwahrnehmungen, mit den Arbeitsaufgaben, ihrer Planung und Verteilung und, wie gesehen, mit der Definition von Leistung, mit deren Bewertung und der Entlohnung der Beschäftigten.

Entscheidungen stehen also immer im Kontext des organisatorischen Geschehens, und sie bilden selbst den Kontext, in dem immer weitere Entscheidungen getroffen werden. Und: Sie sind, zumindest in der Perspektive des vorliegenden Einführungstextes, nicht von handelnden Akteuren zu trennen. Man kann Entscheidungen auch „für sich", als eigene analytische Ebene oder als von einem Akteur abgegrenztes Phänomen betrachten. Hier soll jedoch nicht von handelnden und entscheidenden Personen abstrahiert werden. Sie sollen vielmehr als zentrales Element von Organisation verstanden werden: Handlungen finden statt innerhalb von Strukturen, die durch Handlungen entstehen und verfestigt werden, und Handlungen sind gebunden an handelnde Personen, die die Strukturen und Handlungen, in denen sie sich befinden, wahrnehmen, deuten – und sie so erst „wirklich machen". Das gilt auch für Organisationen.

Damit sind wir schon mitten im Thema. Taylor ging es darum, über eine systematische Erhebung und „Vermessung" von Aufgaben und Personal eine optimale Passung der beiden Produktionsfaktoren vorzunehmen. Sein Ziel war es, mit Hilfe wissenschaftlicher Methoden die organisatorische Praxis zu verbessern. In diesem Einführungsbuch geht es aber erst einmal darum zu verstehen, wie Entscheidungen im Kontext von Organisation „funktionieren". Entscheidungen sind ein Element von Organisationen. Und Entscheiden ist eine Tätigkeit, eine Form der Handlung, die in Organisationen (aber auch von Organisationen selbst, zwischen Organisationen) stattfindet, es ist Bestandteil des Organisierens. In diesem Lehrbuch soll also am Beispiel des Entscheidens *eines* der Grundprobleme des Organisierens vertieft werden. Andere, die sich in Taylors „Personalgespräch" teilweise schon andeuteten, zum Beispiel die Motivation und Kontrolle der Organisationsmitglieder, die Gestaltung von Organisationsstrukturen, die formale und die informelle Seite von Organisationen, das Wissen und Lernen von und in Organisationen, die Kultur von Organisationen usw., werden hingegen nur am Rande erörtert.

In der Analyse von Organisation und Entscheidung werden hier drei theoretische Perspektiven auf das Phänomen „Organisation" und „Entscheidung" herangezogen: rationale Wahl, Mikropolitik und Strukturationstheorie. Diese drei Perspektiven bringen sozial-, gesellschafts- und organisationstheoretische Elemente mit, und sie stellen handlungsfähige und handelnde Akteure ins Zentrum der Analyse. Sie nehmen jedoch gleichzeitig das wechselseitige Verhältnis von Struktur und Handlung in den Blick. Entsprechend gehen sie alle drei davon aus, dass das Handeln von Akteuren, die Konstellationen von Akteuren (also ihre Anordnung zueinander), ihre Beziehungen und die Dynamiken ihrer Interaktion (mit anderen Akteuren, aber auch mit Dingen) in und für Organisationen relevant sind. Das muss betont werden, denn diese Sicht wird nicht unbedingt geteilt. Andere gesellschafts- und organisationstheoretische Ansätze nehmen durchaus gegensätzliche Perspektiven ein: Sie analysieren Organisationen beispielsweise als System von Entscheidungen und Kommunikationen, in denen das Handeln von Akteuren nicht zur Organisation „an sich" gehört (die Akteure sind Umwelt für die Organisation; wenn wir Akteure betrachten, analysieren wir Interaktionssysteme oder personale Systeme, nicht aber Organisationen), oder sie betonen, dass Organisationen aus Erzählungen bestehen, dass sie sich in Symbolen ausdrücken und dass sie nur in den Köpfen ihrer Mitglieder existieren.

Es gibt also eine Fülle von Denkmöglichkeiten, wie Organisationen begrifflich zu fassen und zu definieren sind. Ihr kleinster gemeinsamer Nenner besteht darin festzuhalten, dass Organisationen etwas Spezifisches sind, ein besonderes soziales Gebilde oder System. Das Handeln von Akteuren in Organisationen unterscheidet sich davon, wie Akteure in einer Familie, in einer Paarbeziehung, in Eltern-Kind-Beziehungen, auf der Straße, unter Freunden oder in lockeren Zusammenkünften handeln. Organisationen sind ein sehr spezieller Handlungsrahmen für das Agieren von Akteuren. Das, was die Organisation „an sich" ausmacht, ist dieser Rahmen. Handeln im Kontext von Organisation hat bestimmte Vorgaben zu erfüllen, es unterliegt bestimmten Einschränkungen – in Organisationen ist nicht alles möglich. Organisationen sind also ein anders und häufig stärker strukturierter und regulierter Handlungskontext als es beispielsweise zufällige Zusammenkünfte sind. Hier soll, siehe oben, nicht weiter begrifflich festgelegt werden, was eine Organisation und das Besondere an ihr ist. Welcher Begriff von Organisation zu den Deutungen passt, die auf die analysierten empirischen Phänomene des Entscheidens (beziehungsweise beim Entscheiden) passt, das wird sich am Ende zeigen – und das können Sie als Leserinnen und Leser zum Schluss selbst weiter denken.[3]

---

3 Wer sich an dieser Stelle doch einen Überblick verschaffen möchte, kann weitere Literatur heranziehen: ein aktuelles Lehrbuch zum Thema Organisation (zum Beispiel Abraham/Büschges 2004, Adler 2009, Bonazzi 2008, Kieser 2006, Miebach 2007, Ortmann/Sydow/Türk 2000, Preisendörfer 2005, Walter-Busch 1996, Weik/Lang 2003, Schreyögg 2003), ein klassisches (Lehr-)Buch der Organisationsforschung (zum Beispiel Barnard 1938, Luhmann 1999, March/Simon 1958, Morgan 1986, Perrow 1972, Scott 1981, Türk 1989) oder einen Aufsatz zum Stand der (soziologischen) Organisationsforschung (zum Beispiel Beyes 2007, Kühl 2003, Schimank 2008).

Auch wenn man also mit March ein eher induktives, also „von unten nach oben", vom empirischen Phänomen zur Theoriebildung gerichtetes Vorgehen wählt, ist eine gewisse Positionsbestimmung doch bereits getroffen.[4] Kein Forschungsprozess startet ohne theoretische Vorannahmen, ohne Überzeugungen und leitende Vorstellungen, und im Verlauf des Forschungsprozesses werden beide Dimensionen immer wieder aufeinander bezogen. Diese Verbindung von Theorie und Empirie ist in diesem Lehrbuch sehr wichtig. Die Analyse des beispielhaft vorgestellten Falls ist zugleich empirisch fundiert und theoriegeleitet, und sie kann im Lesen mit verfolgt werden. Auf diese Weise werden wichtige Themen und Probleme der Organisationsforschung illustriert, es wird gezeigt, wie theoretische Ansätze und Anschauungen die Analyse des Falls leiten und wie umgekehrt die Beobachtung empirischer Phänomene die Theoriebildung zur Reaktion herausfordert. Das beinhaltet die Möglichkeit, selbsttätig zu arbeiten, das Material für eigene Überlegungen zu nutzen und ein Stück am Forschungsprozess teilzuhaben.

Aufbau des Lehrbuchs

Das Lehrbuch ist folgendermaßen aufgebaut: Im Anschluss an dieses Einleitungskapitel finden Sie zunächst eine Materialsammlung. Hier sind verschiedene Texte und Daten zusammengestellt, die zum Verständnis des Beispielfalls einer Personalentscheidung in einem Versicherungsunternehmen beitragen: Skizzen zum Unternehmen, zum Reorganisationsprozess und zu den Arbeitsabläufen im Unternehmen, Organigramme, Angaben zu den beteiligten Personen und Ausschnitte aus den Interviews mit diesen Personen. Im Anschluss an diese Materialsammlung wird die „Geschichte der Entscheidung um die stellvertretende Gruppenleitung" analysiert. Der Ausgangspunkt für die Analyse ist zunächst die Frage, was eine Entscheidung eigentlich ist und was die Elemente eines Entscheidungsprozesses sind. Diese sehr grundsätzlichen Fragen werden dann anhand von drei wichtigen Positionen in der Organisationsforschung diskutiert: Zunächst wird eine innerhalb der Wirtschafts- und Sozialwissenschaften häufig vertretene Auffassung, nämlich die, dass Entscheidungen ein Prozess und ein Produkt rationaler Wahl sind, betrachtet. Daran anschließend soll gezeigt werden, wie die Analyse des Entscheidungsprozesses erweitert wird, wenn man die Einbettung des Entscheidens in das mikropolitische Gefüge einer Organisation mit einbezieht. Im dritten Schritt werden dann Muster von Normen und Interpretationen betrachtet und es wird diskutiert, ob man Entscheidungen auch (oder

---

4 Vgl. hierzu auch die Überlegungen zum methodischen Vorgehen in Kap. 2.2.

besser) als Ergebnis der eingelebten Praxis, des handelnden Zusammenwirkens mehrerer Akteure verstehen kann. Die Analyse wird also Schritt für Schritt erweitert, indem sie immer mehr Aspekte des Entscheidens hinzuzieht, und sie stellt innerhalb der jeweiligen Schritte jeweils einen, für die jeweilige theoretische Perspektive besonders relevanten Aspekt in den Vordergrund:[5] zunächst ist das die sachliche Dimension, die Dimension der Kognitivität und Intentionalität im Entscheiden, dann die soziale Dimension von Entscheidungen, die in der absichtsvollen und interessegeleiteten Interaktion mehrerer Akteure getroffen werden, und schließlich die Dimension des praktischen Tuns dieser Akteure im zeitlichen Verlauf – Entscheidungen fallen in der „durée des Alltagslebens" (Giddens) in Organisationen. In dieser Analyse werden grundlegende Begriffe und Überzeugungen der theoretischen Ansätze entwickelt, sie werden auf die Dimension des Entscheidens in Organisationen angewandt – und es wird gezeigt, wie Dimensionen des Entscheidens und Organisierens und theoretische Begriffe aus dem empirischen Material entwickelt werden können. Abschließend wird das Thema „Organisation und Entscheidung" zusammengefasst – und es wird überlegt, welche Schlüsse aus der Analyse des Beispielfalls für eine begriffliche Bestimmung von „Organisation" zu ziehen sind.[6]

---

5   Was nicht bedeutet, dass die anderen nicht auch in dieser Perspektive berücksichtigt werden oder berücksichtigt werden könnten. Es soll aber jeweils ein zentraler Aspekt des Entscheidens in den Mittelpunkt gestellt werden – und daraus entwickelt sich sowohl die schrittweise Analyse des Entscheidens und Organisierens als auch – hoffentlich – eine Anregungen zum vertieften Studium der theoretischen Ansätze.

6   Allen, die mich mit Fragen, Hinweisen und Argumenten im Denken und im Schreiben dieses Buches unterstützt haben, möchte ich herzlich danken: den Studierenden meiner Lehrveranstaltungen an der FernUniversität in Hagen und der Universität Wien, die mich mit Rückmeldungen zur Konzeption des Bandes versorgt haben, sowie im Besonderen (und ganz Besonderen): Ilka Peppmeier, Jo Reichertz, Gabriela Ruhmann, Uwe Schimank und Lars Winter. Für ihre Unterstützung in der Fertigstellung des Bandes danke ich Wiebke Bertram, Gudrun Hilles und Ilka Weber.

2 Das Beispiel: Personalentscheidungen in einem Versicherungsunternehmen

2.1 Die Entscheidung über die stellvertretende Gruppenleitung: Der Fall im Überblick

Um den in diesem Lehrbuch zugrunde gelegten empirischen Fall einer Personalentscheidung über die Besetzung einer stellvertretenden Gruppenleitung einordnen und verstehen zu können, muss man zunächst ein wenig ausholen und sich ein Bild der Organisation und ihrer Einbettung in die gesellschaftliche Umwelt machen. Kurz skizziert, sieht der Beispielfall wie folgt aus:

Eine große private Krankenversicherung in Deutschland änderte Mitte der neunziger Jahre ihre Unternehmenspolitik. Sie definierte neue Leitlinien der Kundenorientierung (Anträge sollten schneller und personenbezogen bearbeitet werden) und der Führungsstruktur (Lean Management: Führungsspannen sollten vergrößert, Führungspositionen eingespart werden), sie erprobte neue Formen der Arbeitsgestaltung (Rundumsachbearbeitung/Aufgabenintegration, Telearbeit), die sie kurze Zeit später teilweise wieder rückgängig machte, sie führte neue Controllinginstrumente ein (ein netzgestütztes Kennzahlen-Kontrollsystem) und sie engagierte sich in gleichstellungspolitischen Fragen (Maßnahmen zur Vereinbarkeit von Beruf und Familie, Programm zur Führung in Teilzeit).

Diese Veränderungen standen im Kontext der Entwicklung der Branche, zum Beispiel von wirtschaftlichen Entwicklungen (Fusionen von Versicherungsunternehmen), von Veränderungen in der staats- und unternehmensrechtlichen Regulierung (Deregulierung der Finanzdienstleistungsmärkte, Liberalisierung des EU-Binnenmarkts), aber auch von allgemeinen Debatten über effiziente Unternehmensführung, über die „Dienstleistungswüste Deutschland" und über Chancengleichheit. Die unternehmenspolitischen Entscheidungen, die in dieser Situation von der Unternehmensspitze getroffen wurden (also zum Beispiel: zunächst auf Aufgabenintegration zu setzen, dann wieder auf Spezialisierung, oder: eine Verschlankung der hierarchischen Struktur anzustreben und nicht eine noch stärkere Dezentralisierung oder das Outsourcen von Aufgaben), werden hier nicht genauer betrachtet. Auch deren Folgeentscheidungen mit Blick auf Produktentwicklung, Marketing o.ä. werden vernachlässigt. Das gesamte Geflecht an außer- und innerorganisatorischen Leitbildern, Strategien und Entscheidungen bildete aber den Rahmen, innerhalb dessen die einzelnen Organisationsmitglieder ihre eigenen Entscheidungen zu treffen hatten. Für die Zweigstellenleiter des Unternehmens – im Folgenden wird einer von ihnen, Herr Conrad, genauer beobachtet – bedeuteten die Umstrukturierungsentscheidungen der Zentrale vor allem, von der Unternehmensspitze vorgegebene Maßnahmen an ihre lokalen Gegebenheiten anzupassen und umzusetzen. Entsprechend hatten auch sie eine Menge Entscheidungen zu treffen.

Für den Zweigstellenleiter Conrad waren zwei Punkte von größter Bedeutung. Oberste Priorität hatten die neuen Vorgaben zur Produktivität der Sachbearbeitung und zur Qualität der Kundenbetreuung. Die Messlatte der Beurteilung einer Zweigstelle (und damit des Ansehens ihrer Leitung und der Zukunftsfähigkeit von beiden) waren die Einhaltung der Vorgabe der „Tagfertigkeit" (Schnelligkeit der Bearbeitung) und die Reduktion der Fehlerhäufigkeit (Qualität der Bearbeitung). Von einer besonders schnellen und fehlerlosen Bearbeitung versprach man sich eine höhere Kundenzufriedenheit. Die in der ersten Phase der Reorganisation eingeführte aufgabenintegrierten Sachbearbeitung war in beiden Hinsichten negativ beurteilt worden: In Tateinheit mit der „Verschlankung" der Leitungsstrukturen wurde daher die Rückkehr zur funktionalen Arbeitsteilung (nach „Bestand" und „Leistung") beschlossen. Damit wurden zwei Fliegen mit einer Klappe geschlagen: eine Form der Arbeitsgestaltung, die in der Erprobungsphase nicht positiv evaluiert worden war, wurde wieder rückgängig gemacht; dabei wurden gleichzeitig Arbeitsgruppen zusammengeführt und Führungspositionen abgebaut.

Das war der zweite maßgebliche Punkt in der Entscheidungssituation des Zweigstellenleiters: Die Anzahl der Arbeitsgruppen in seinem Haus sollte von vier auf drei reduziert werden. Das bedeutete einen Abbau von Führungspositionen auf der Ebene der Gruppenleitung (von vier auf drei Stellen) und auf der Ebene der stellvertretenden Gruppenleitung (ebenfalls von vier auf drei Stellen). Herr Conrad, als Leiter der Zweigstelle verantwortlich für alle Personalentscheidungen, stand entsprechend vor der Aufgabe, zwei Leitungsfunktionen frei zu räumen und das Personal umzubesetzen. Im gesamten Prozess der Umstrukturierung hat er – chronologisch geordnet – dann folgende Personalentscheidungen getroffen:

1. Er besetzte die Stelle einer der stellvertretenden Gruppenleiterinnen während ihres Erziehungsurlaubs mit einem bisher nicht auf der Leitungsebene verankerten Kollegen.
2. Die beurlaubte Stellvertreterin wurde in die Arbeitsgruppe versetzt. Diese Personalentscheidung fiel vor dem Zeitpunkt der Reduktion der Arbeitsgruppen.
3. Zum Zeitpunkt der Gruppenreduktion versetzte er einen der bisherigen Gruppenleiter auf die Ebene der stellvertretenden Gruppenleitung zurück. Das traf denjenigen, der als letzter Gruppenleiter geworden war.
4. Einen der bisherigen stellvertretenden Gruppenleiter beließ er in seiner Position, und zwar den mit dem fachlichen Schwerpunkt „Leistungsbearbeitung".

5. Zwei der bisherigen Stellvertreter, einen Mann und eine Frau, beide Experten für das Gebiet „Bestands"- bzw. „Vertragsbearbeitung", setzte er auf die Ebene der Arbeitsgruppe zurück.
6. Den zuletzt beförderten Stellvertreter, den, der die Position der beurlaubten Kollegin eingenommen hatte (auch er Vertragsexperte), bestätigte Herr Conrad in seiner Position.

Mit diesen Entscheidungen hatte Herr Conrad also a) eine Mutterschafts-Rückkehrerin gegen verbreitete Konventionen degradiert (und ihre Aufgaben nicht einfach zeitweise anderen Mitarbeiter/innen übertragen), b) zwei ehemalige Stellvertreter/innen gegen das übliche Kriterium der Seniorität zurückgestuft (während das für die Frage, welche der Gruppenleiter nicht zurückgestuft würden, das ausschlaggebende Kriterium gewesen war) und c) einen innerhalb der Organisation als „Überflieger" etikettierten Mitarbeiter befördert. Ob das gute, wenn nicht sogar optimale Entscheidungen waren, das muss hier außen vor bleiben. Es ist – für Beobachter, aber häufig auch für die entscheidende Person selbst – sachlich kaum zu beurteilen, welches die beste Lösung ist oder gewesen wäre, ob es nicht noch ganz andere Lösungen gegeben hätte und was gewesen wäre, wenn sie anders entschieden hätte. Eine Bewertung getroffener Entscheidungen steht auch nicht im Mittelpunkt soziologischer Analysen – das wäre eine Aufgabe der Organisationsberatung. Wenn man aus organisationssoziologischer Perspektive Entscheidungsprozesse besser verstehen will, dann fragt man vielmehr: Wie hat Herr Conrad das gemacht? Hat er die Entscheidung getroffen, oder setzt er getroffene Entscheidungen um, und wie stellt er sicher, dass seine Mitarbeiter und Mitarbeiterinnen diesen Entscheidungen Folge leisten? Welche Faktoren haben im Entscheidungsprozess eine Rolle gespielt? Welche organisatorischen Bedingen haben den Entscheidungsprozess geprägt, und wie wirken die getroffenen Entscheidungen auf die organisatorischen Strukturen zurück?

Lese- und Arbeitshinweise

Diese Fragen zu beantworten ist Gegenstand von Kapitel 3. Hier in Kapitel 2 finden Sie zunächst eine Menge von Material zum empirischen Fall.[7] Dieses

---

7   Das Datenmaterial wurde im Rahmen eines Projekts erhoben, das sich mit der Arbeit, der Organisationsgestaltung und mit Prozessen der Geschlechterdifferenzierung in Organisationen im Dienstleistungsbereich befasste. Es handelte sich um Dokumentenanalysen und um qualitative Interviews (problemzentriert, gestützt durch einen groben Leitfaden, erzählungsgenerierend angelegt), die nach der Methode der „Grounded Theory" ausgewertet und von deren methodologischen Annahmen geleitet wurden (Wilz 2002).

Material können Sie vorab in Gänze lesen. Dann simulieren Sie ein wenig die Arbeit eines/einer empirischen Sozialwissenschaftlers/in: Wenn Sie die Texte en bloc lesen, machen Sie das durch, was der Forscher/die Forscherin nach der Datenerhebung durchmacht – Sie sitzen vor einem Berg von Material, von dem Sie nicht genau wissen, was Sie damit anfangen sollen. Manches scheint zueinander zu passen, anderes scheint mit den Dingen, die hier untersucht werden sollen, nichts zu tun zu haben, und es liest sich fürchterlich. Sie haben dann aber die Gelegenheit, sich vorab Ihre eigenen Gedanken zu machen: Was könnte wichtig sein? Sehen Sie etwas Interessantes in dem Datenberg? Können Sie eigene Forschungsfragen entwickeln oder vielleicht Hypothesen zum Thema Entscheiden ableiten, die Sie nachher am Text prüfen wollen? Ein anderer Weg, mit der vorliegenden Datensammlung umzugehen, ist sie zum Nachschlagen zu nutzen. Dann überspringen Sie die Datensammlung und gehen nur dann in das Material zurück, wenn Sie an der entsprechenden Textstelle im Analyse-Kapitel noch einmal genauer nachvollziehen wollen, wie die jeweilige Analyse im Material begründet ist (oder nicht). Sie sollten sich die folgenden Passagen aber in jedem Fall anschauen, auch wenn Sie das empirische Material nicht aktiv durcharbeiten wollen, denn es sind an verschiedenen Stellen Erläuterungen zur Organisation, zu der dargestellten Information oder zu den Datenquellen eingearbeitet, die im direkten Bezug zum Material stehen, die aber auch darüber hinaus für das Verständnis von Organisation relevant sind.

2.2 Material und Methode, Empirie und Theorie

Das Material, das Sie hier vorfinden, liegt nicht ganz in der ursprünglichen Form vor, in der es erhoben wurde. Die Skizzen zum Unternehmen, zum Unternehmensumfeld, zum Umstrukturierungsprozess und zur Arbeit im Versicherungsunternehmen sind Texte, die auf dem erhobenen Material basieren (Literatur, Zeitungsartikel, unternehmensinterne Dokumente); die Organigramme wurden auf der Basis von Telefonverzeichnissen und Stellenbeschreibungen rekonstruiert. Die Interviewauszüge liegen im Wortlaut vor. Sie sind um der besseren Lesbarkeit willen ein wenig geglättet; dennoch sind sie „Rohmaterial", gesprochene Texte. Wenn man solche Texte, die nicht der Schriftsprache entsprechen, liest, dann muten sie leicht „durcheinander", grammatikalisch falsch oder gar zusammenhangslos an. In der qualitativen Analyse solcher empirischer Daten gilt das aber als normal und führt keinesfalls dazu, die Texte oder die Sprecher/innen als konfus oder unprofessionell zu bewerten. Die Haltung, mit der man an die Interpretation solcher Interviewpassagen herangeht, ist – ab von Interesse und Neugier – in der qualitativen Sozialforschung vielmehr von drei Überzeugungen geprägt: 1.) Man hat Respekt vor den Befragten und nimmt das, was

2.2 Material und Methode, Empirie und Theorie

sie sagen, in jedem Detail ernst. 2.) Man lässt sich von der Frage leiten: Was steht da drin? Was sagt uns das? Eine hermeneutische – also deutende, verstehende – Analyse der Daten geht dabei nicht davon aus, dass das, was die Befragten berichten, 1:1 mit „der Wirklichkeit" übereinstimmt. Immer handelt es sich um (Re)Konstruktionen der Aussagen der Befragten, also um das Verstehen, Deuten und neu Konstruieren dessen, was die Befragten – aus ihrer Sicht, verbunden mit ihren Deutungen und Interpretationen – berichtet und erzählt haben. Der/die Forscher/in erarbeitet also Rekonstruktionen von Rekonstruktionen der Realität – und das bedeutet, es gibt verschiedene Wirklichkeiten, die alle miteinander und je für sich Gültigkeit haben, und die in einer Situation (der Befragung, der Auswertung) erst entstehen.[8] 3.) Man „bürstet" die Aussagen „gegen den Strich" – das heißt, man fragt nicht nur: Was steht da? Sondern auch: Was steht da nicht? Was heißt das? Und: Könnte das nicht auch etwas ganz anderes bedeuten? Im Prozess der Datenanalyse erhebt man entsprechend im ersten Schritt die Aussagen, im zweiten nimmt man eine „kritische Dekonstruktion" dessen, was man im ersten Schritt erhoben hat, vor, und im dritten vergleicht man die einzelnen Aussagen sowohl miteinander als auch mit dem, was man über die Organisation, ihre Strukturen, Prozesse, Aufgaben, Umwelten usw. weiß.[9]

Auch mit der Entscheidung für ein bestimmtes methodisches Vorgehen ist also zum einen ein bestimmtes Erkenntnisinteresse und zum zweiten eine theoretische „Voreinstellung" vorgenommen. Das hier zugrunde liegende Verfahren der Grounded Theory ist,[10] ebenso wie die wissenssoziologische Hermeneutik, ein Vorgehen, das mit der Überzeugung der „gesellschaftlichen Konstruktion der Wirklichkeit" (Berger/Luckmann 1969) verbunden ist: Die gesellschaftlichen Akteure (Subjekte wie Organisationen) schaffen durch ihr (kommunikatives) Handeln ihre Welt und die wissenschaftliche Methode hat sowohl diese Kon-

---

8 Vgl. exemplarisch: Reichertz (2004, 2007).
9 Zur Methodik (allgemein und im Kontext der Organisationsforschung) vgl. zum Beispiel Bohnsack/Marotzki/Meuser (2003), Bryant/Charmaz (2007), Denzin/Lincoln (1994), Flick/von Kardorff/Steinke (2003), Froschauer/Lueger (2003), Corbin/Strauss (2008), Hitzler/Reichertz/Schröer (1999), Holtgrewe (2002), Kleemann/Krähnke/Matuschek (2009), Kühl/Strodtholz (2002), Küsters (2006), Liebold/Trinczek (2002), Strauss/Corbin (1996), Strübing (2004).
10 Die Grounded Theory ist ein von Barney Glaser und Anselm Strauss eingeführtes Verfahren, das Theorien mittlerer Reichweite (also auf bestimmte Gegenstände und Fragestellungen ausgerichtete, nicht universell gültige Theorien) als aus empirischer Forschung entwickelt und in ihr begründet ansieht. Sie hat sich über die Zeit in verschiedene Richtungen ausdifferenziert, die je unterschiedliche Schwerpunktsetzungen vornimmt mit Blick auf die Frage der theoretischen „Voreingenommenheit" der Forscher/innen und der Richtung der Theoriebildung (strikt induktiv, also allein aus dem Material heraus, oder nicht). Das Vorgehen hier folgt einer späteren Version, der von Strauss und Corbin; es geht von der Prämisse aus, dass empirisches Arbeiten nur möglich ist, wenn theoretisches Wissen als Heuristik in die empirische Forschung eingeht und geht entsprechend Kategorien-generierend und vergleichend vor (vgl. Glaser/Strauss 1967, Strauss 1998 und die Angaben in Fußnote 6).

struktionsarbeit als auch das Ergebnis dieser Produktion zu (re-)konstruieren. Das Handeln der Akteure gilt in diesen Ansätzen als verstanden, wenn der Interpret in der Lage ist, es aufgrund der erhobenen Daten in Bezug zu dem für die jeweilige Handlungspraxis relevanten Bezugsrahmen zu setzen und es in dieser Weise für diese Situation als eine (für die Akteure) sinn-machende ‚Lösung' nachzuzeichnen (siehe ausführlich dazu auch Reichertz 2009). Diese interpretativen Verfahren ruhen also einer handlungstheoretischen Perspektive auf, die wesentlich durch die theoretischen Arbeiten des Interaktionismus und der Sozialphänomenologie beeinflusst ist.

Für den Umgang mit dem empirischen Material wichtig zu wissen ist außerdem: Alle Angaben (zum Beispiel die Namen von Unternehmen, Orten und Personen) sind anonymisiert. Das vorliegende Material wurde Ende der neunziger Jahre erhoben. Es ist also „alt", es spiegelt nicht den aktuellen Stand der Dinge in dem untersuchten Unternehmen wider, und es wurden auch keinerlei Nacherhebungen oder Aktualisierungen vorgenommen (sonst wäre es eine neue Studie). Für die Fragestellung, die hier bearbeitet wird, ist das aber völlig unerheblich – es geht ja darum zu verstehen, wie Entscheidungsprozesse ablaufen, und nicht darum, beispielsweise zu beurteilen, in welchem Verhältnis die getroffenen Entscheidungen zu aktuellen Entwicklungen in der Versicherungsbranche stehen. Von größerer Bedeutung als die Aktualität ist daher die Angemessenheit des Materials mit Blick auf die Fragestellung und die Güte des Materials. Diese besteht insbesondere darin, dass es sich hier um eine Interaktionsfeldstudie handelt: Die Geschichte der stellvertretenden Gruppenleitung, die als Beispiel eines Entscheidungsprozesses untersucht werden soll, wurde – ungefragt – von mehreren (aktiv und passiv) Beteiligten erzählt. In der Auswertung des Materials ist es daher möglich (und das ist nicht oft der Fall), den Gegenstand der Untersuchung wie ein Puzzle aus den Aussagen der Befragten zusammenzufügen und die verschiedenen Sichtweisen, Bewertungen und Schwerpunktsetzungen der Befragten miteinander ins Verhältnis zu setzen.

Ein weiterer Ansatzpunkt der Analyse ist das Ins-Verhältnis-Setzen der Inhalte der Interviews mit dem organisatorischen Kontext. Die Schilderungen der Befragten erzählen ein Geschehen nach; dabei rekonstruieren sie Überlegungen, Handlungen und Entscheidungen innerhalb der Zweigstelle eines Versicherungsunternehmens zu einem bestimmten Zeitpunkt. Sie berichten außerdem über die alltägliche Arbeit, über den Umgang mit Kolleginnen und Kollegen, über das Verhältnis von Vorgesetzten und Mitarbeiter/innen und über ihre persönliches Leben. In diesen Berichten und Erzählungen sind Aussagen über die Organisation enthalten: über die Praktiken der Arbeit und des Managements, die Strategien und Leitbilder des Unternehmens, die Arbeitsverteilung und -gestaltung usw. Diese Aussagen lassen sich durch die Analyse weiterer Dokumente ergänzen. Man kann beispielsweise überprüfen, ob die Aussagen über Spezialisierungen in

2.2 Material und Methode, Empirie und Theorie

der Versicherungsbearbeitung mit den Stellenbeschreibungen und Telefonverzeichnissen übereinstimmen und überlegen, wie eventuelle Abweichungen zu erklären sein könnten. Im Vergleich der verschiedenen Aussagen der Interviews untereinander und mit den verschiedenen Dokumentenformen entsteht so ein Bild der Organisation: ihrer Strukturen der Arbeitsverteilung, der hierarchischen Ordnung, der Regeln, Normen und Deutungsmuster, und der Prozesse, die abgelaufen sind und zum Erhebungszeitpunkt ablaufen.[11]

Noch ein Aspekt in der Analyse der Organisation wäre prinzipiell wichtig: ihre Umwelt. Hier wird dieser Punkt jedoch „abgeblendet". Im Material finden Sie keine ausführliche Schilderung der Unternehmensumwelt, also der Marktsituation des Unternehmens, der Deregulierung des Finanzmarkts, der Debatte um Dienstleistungsqualität oder der gleichstellungspolitischen Diskussionen zum Zeitpunkt der Datenerhebung. Damit ist wiederum, und das ist eine wichtige letzte Vorbemerkung, nicht nur eine Entscheidung für einen bestimmten Fokus der Aufmerksamkeit, sondern auch eine Theorieentscheidung getroffen worden. Stünde man für die Analyse des Falls beispielsweise in der Tradition des „Situativen Ansatzes", dann würde man davon ausgehen, dass Umweltfaktoren die Strukturen und, in der Folge, die Strategien (und alle anderen Entscheidungen) der Organisation prägen.[12] Auch der soziologische Neoinstitutionalismus, ein in der Organisationsforschung zurzeit sehr wichtiger Ansatz, geht davon aus, dass die Umgebung der Organisation das organisatorische Geschehen maßgeblich prägt, weil Organisationen sich an ihre Umwelt anpassen und Vorbilder, Moden und Ideen anderer Organisationen übernehmen.[13] In beiden Fällen wären Informationen über das organisationale Feld unverzichtbar. Der Fokus der Analyse ist hier also klar auf das organisations*interne* Geschehen gerichtet. Stünde stärker im Vordergrund zu untersuchen, wie die Form der Entscheidungsprozesse von gesamtgesellschaftlichen Prozessen beeinflusst ist oder wie sie auf gesellschaftliche Prozesse zurückwirkt, dann wäre die Rekonstruktion der Umwelt zwingend nötig. Da Organisationen immer im Verhältnis zu ihrer Umwelt stehen (sei es als Prozess der Grenzziehung, sei es als Ineinandergreifen), sind das natürlich wich-

---

11 Die qualitative Organisationsforschung verbindet vielmehr regelmäßig verschiedene Erhebungsmethoden und Datensorten Wenn man ein umfassendes Bild organisatorischer Strukturen und Prozesse erhalten will, kann man sich nicht auf die Erhebung einer Art von Daten beschränken. Die mit unterschiedlichen Methoden erhobenen Daten werden systematisch miteinander verkoppelt und versprechen einen Erkenntniszugewinn, der den Ertrag der Einzelergebnisse überschreitet und erweitert. Eine solche Triangulation hat zum Ziel, einen Forschungsgegenstand von mehreren Punkten aus zu betrachten. Sie lässt sich mit und auf verschiedenen Ebenen realisieren: der der Daten, der Methoden, der Forschenden und der Theorien (vgl. exemplarisch: Flick 2004).
12 Vgl. zusammenfassend beispielsweise Kieser/Kubicek (1992).
13 Vgl. zusammenfassend beispielsweise Weik/Lang (2003), Kap. 6, als Überblick auch: Senge/ Hellmann (2006).

tige Perspektiven der Organisationsforschung. Die hier verfolgte Fragestellung betont jedoch erst einmal einen anderen analytischen Fokus: die internen Strukturen und Prozesse, so, wie sie „als solche" beschrieben und analysiert werden können. Deshalb stehen hier die Erzählungen der Befragten und ihre Einbettung in die Organisation im Vordergrund.

2.3 Die Organisation

Zunächst folgen nun also einige Informationen über „die Organisation": das Versicherungsunternehmen, den Reorganisationsprozess in der untersuchten Zweigstelle und die Arbeit, die dort erledigt wird.

2.3.1 Das Versicherungsunternehmen

Das Referenzunternehmen des Fallbeispiels ist eine der größeren Versicherungsgesellschaften in der Bundesrepublik Deutschland. Das Unternehmen ist Teil eines Versicherungsverbundes und in mehreren Sparten des Versicherungsgeschäftes aktiv. Der Schwerpunkt des Versicherungsgeschäftes liegt im Bereich der privaten Krankenversicherung.

Durch den etappenweisen Zusammenschluss mehrerer Versicherungsunternehmen entstand im Lauf der siebziger und achtziger Jahre der Unternehmensverbund, dem die Sparten Kranken-, Lebens- und Sachversicherung, eine weitere Kranken- und eine Rechtsschutz-Versicherung sowie eine Kapitalanlagegesellschaft angehören. Im Mittelpunkt des Interesses steht hier das ursprüngliche Krankenversicherungsunternehmen, ein Unternehmen, das im Feld der privaten Krankenversicherungen eine mittlere bis obere Marktposition einnimmt. Im Jahr 1995 versicherte die Krankenversicherung beispielsweise gut eine Million Personen. Sowohl die Anzahl der Versicherten als auch die Höhe der Beiträge und die Höhe der Auszahlungen sind seit Ende der achtziger Jahre kontinuierlich angestiegen. Im Innendienst der Krankenversicherung waren 1995 etwa 1400 Personen beschäftigt, im Außendienst knapp über 1100 hauptberufliche und knapp 8000 nebenberufliche Mitarbeiter/innen und Makler/innen. Die Anzahl der Beschäftigten im Innendienst hat seit Ende der achtziger Jahre leicht abgenommen; auch die Anzahl der Mitarbeiter/innen im Außendienst ist leicht rückläufig, ebenso wie die Zahl der Auszubildenden, die im Jahr 1988 noch knapp 160 Personen betrug, im Jahr 1996 noch 120.

Die hier untersuchte Krankenversicherung gliedert sich, wie die meisten Versicherungsunternehmen, in einen Innen- und Außendienst. Der Versicherungsvertrieb wird überwiegend von einem eigenen hauptberuflichen Außen-

2.3 Die Organisation

dienst getätigt und nicht in Zusammenarbeit mit einem eigenständigen Vertriebsunternehmen; daneben werden Versicherungen aber auch von nebenberuflichen Mitarbeiter/innen, Makler/innen und Mehrfachagenten/innen vertrieben.
  Der Versicherungs-Innendienst ist dezentral organisiert. In der Direktion des Unternehmens sind zentrale Aufgaben und Stabsabteilungen angesiedelt (z. B. die Betriebsorganisation, Personalverwaltung und Personalentwicklung, das Rechnungswesen, EDV und technische Entwicklung, die Abwicklung gerichtlicher Mahnverfahren, Marketing, alle strategischen Entscheidungen u. a.). Die Aufgaben der direkten Kundenbetreuung und der Versicherungssachbearbeitung erfolgen in dezentralen, regional gegliederten Zweigstellen in ungefähr einem Dutzend bundesdeutscher Großstädte. Bestimmte Aufgaben werden in Kooperation zwischen Zentrale und Zweigstellen bearbeitet, zum Beispiel die Definition von Stellenbeschreibungen und das Erstellen von Standardtextbausteinen für die Kundenkorrespondenz. Solche Aufgaben haben jedoch eher temporären, projekthaften Charakter und/oder sind an einzelne Personen gebunden; sie sind nicht im formalen Organisationsaufbau oder Geschäftsablauf einer Zweigstelle festgeschrieben. Hier erfolgt die dezentrale Bestandsverwaltung der Versicherungen: Die Kunden/innen des jeweiligen Einzugsgebietes werden betreut, die entsprechenden Versicherungsverträge werden verwaltet und es werden die Leistungsabrechnungen für die Versicherten bearbeitet. Der Schwerpunkt der Bearbeitung liegt dabei nach wie vor auf dem Bereich der Krankenversicherung. Peu à peu wird seit 1996/97 darüber hinaus eine spartenübergreifende Organisation angestrebt: Auch Lebens-, Unfall- und KFZ-Versicherungsanträge sollen in den regionalen Zweigstellen policiert und, auf lange Sicht gesehen, auch bearbeitet werden.
  Die Organisationsstruktur der Zweigstellen lässt sich grob wie folgt beschreiben: In einer Zweigstelle arbeiten in der Regel etwa 40-60 Personen. Dem Leiter/der Leiterin des regionalen Zentrums direkt unterstellt sind die Gruppenleiter/innen, von denen eine/r die Stellvertretungsfunktion für den/die Leiter/in innehat. Die Arbeitsgruppen zur Kundenbetreuung umfassen jeweils etwa 15 bis 20 Beschäftigte, von denen wiederum eine/r die Stellvertretung des/der Gruppenleiters/in wahrnimmt. Die Gruppen sind zum Zeitpunkt der Studie, 1997, nach dem Prinzip funktionaler Arbeitsteilung definiert: In einer der Gruppen werden die Verträge für die Krankenversicherung und, soweit das spartenübergreifende Organisationsmuster bereits umgesetzt ist, die Verträge der übrigen Sparten bearbeitet, in den anderen Gruppen (je nach Größe der Zweigstelle zwei oder drei) findet die Leistungsbearbeitung statt. Innerhalb der Gruppen bearbeitet jede/r Mitarbeiter/in einen definierten Bestand an Versicherten und erledigt für den jeweiligen Aufgabenbereich alle anfallenden Tätigkeiten; Spezialgebiete wie z. B. die Policierung von Lebensversicherungen oder die Bearbeitung von Zahnersatz- oder Psychotherapie-Leistungsabrechnungen werden jeweils von einigen zusätzlich qualifizierten Mitarbeiter/innen betreut. Daneben gibt es eine Gruppe

„Schreibbüro", die aus ca. 4-5 Mitarbeiter/innen besteht und die für Aufgaben wie Schreibarbeiten, Telefonzentrale, Aktenverwaltung u. ä. zuständig ist. Die oberste Leitungsebene der Kundendienstzentren war bis 1995 ausschließlich mit Männern besetzt. Seit 1996/97 gibt es eine weibliche Zweigstellenleiterin. Auf den nach geordneten weiteren Führungsebenen – der Ebene der Gruppenleitung und der stellvertretenden Gruppenleitung – sind in den neunziger Jahren 15 bis 20% Frauen beschäftigt. In der hier untersuchten Zweigstelle gab es zum Befragungszeitpunkt 1997 auf der Ebene der Gruppenleitung keine Frauen. Aus internen Dokumenten lässt sich rekonstruieren, dass Anfang 1996 noch eine Frau als stellvertretende Gruppenleiterin eingesetzt war, im Jahr zuvor gab es zwei stellvertretende Gruppenleiterinnen. Das Unternehmen betreibt aber eine aktive Gleichstellungspolitik: Es hat einen Arbeitskreis für Chancengleichheit ins Leben gerufen und setzt in seiner Personalpolitik an den, durchschnittlich gesehen, unterschiedlichen Lebenssituationen von Männern und Frauen an. In diesem Sinne – neben anderen Motiven – bietet das Unternehmen eine flexible Arbeitszeitregelung, Regelungen zur Vereinbarkeit von Beruf und Familie und ein Pilotprojekt zur Telearbeit an – und es ist Träger des „Chancengleichheitawards" einer bekannten Frauenzeitschrift.

Seit etwa Mitte der achtziger Jahre ist das Unternehmen in einem kontinuierlichen Umstrukturierungsprozess begriffen, der sich mit den Stichworten verstärkte Qualitäts- und Kundenorientierung, Lean Management, integrierte Sachbearbeitung und spartenübergreifende Sachbearbeitung umreißen lässt.

2.3.2 Der Umstrukturierungsprozess in der Zweigstelle

Der Ablauf des Reorganisationsprozesses in der Zweigstelle, seine Folgen, die Veränderungen, die aus der Sicht der Führungskräfte und der Beschäftigten damit verbunden waren, sind eine wichtige Perspektive der Analyse des organisatorischen Geschehens.

Bis Mitte beziehungsweise Ende der achtziger Jahre wurden Versicherungen in funktional nach Bestandsverwaltung und Leistungsbearbeitung getrennten Gruppen arbeitsteilig bearbeitet. Diese Phase ist kaum ein Thema der Berichte der Führungskräfte und der Beschäftigten über ihre Arbeitspraxis und die Veränderungen durch den Reorganisationsprozess; angesprochen wird vereinzelt der tief greifende Einschnitt in der Bearbeitung durch die Einführung von Personalcomputern, die hohe Arbeitsteiligkeit der damaligen Bearbeitungsweise oder das hierarchische Verhältnis von „Korrespondenten" und „Rechnern". Die Phase der aufgabenintegrierten Bearbeitung, die 1989/1990 eingeleitet wurde, wird von den Befragten hauptsächlich in Abgrenzung zum nächsten Schritt der Reorganisation beschrieben, der Rückkehr zur funktionalen Arbeitsteilung in neu besetz-

2.3 Die Organisation

ten und reduzierten Gruppen: Die ehemals bestehenden vier Arbeitsgruppen wurden auf drei reduziert, ein Gruppenleiter wurde wieder stellvertretender Gruppenleiter, zwei stellvertretende Gruppenleiter/innen wurden auf die Ebene der Sachbearbeitung zurückgestuft. Seitdem gibt es eine Gruppe, die den Bereich „Vertrag" und zwei Gruppen, die den Bereich „Leistung" bearbeiten; in beiden Gruppen gibt es darüber hinaus Spezialist/innen, z. B. für das Neugeschäft oder die spartenübergreifende Policierung im Vertragsbereich sowie spezifische Felder wie beispielsweise Psychotherapie, Zahnersatz oder die Pflegepflichtversicherung im Leistungsbereich.

Als Zielsetzung des Reorganisationsschritts, die aufgabenintegrierte Bearbeitung durch arbeitsteilige Bearbeitung abzulösen, werden folgende Aspekte benannt: Zum einen entsteht durch die neu eingeführte spartenübergreifende Bearbeitung ein Maß an Komplexität der Arbeitsaufgaben, das nur noch von einzelnen Spezialisten bewältigt werden kann; das Gleiche gilt, ohne dass dieser Punkt explizit als Begründung angeführt wird, für die Einführung der Pflegepflichtversicherung. Dieser Aspekt der zusätzlichen Bearbeitung anderer Versicherungssparten wird im Zusammenhang mit der Schilderung der übergeordneten unternehmenspolitischen Strategien – Kundenorientierung, Wettbewerbsfähigkeit – angesprochen. Mit Blick auf die interne Entwicklung der Zweigstelle und deren Reorganisation wird ein anderer Aspekt hervorgehoben: die Qualität der Bearbeitung im Vertragsbereich zu verbessern. Die Rundumsachbearbeitung war, vor allem im Aufgabenbereich der Bestandsbearbeitung, nicht angemessen, so die vorherrschende Beurteilung, weil die Bearbeitung der Aufgaben so komplex ist und die Regeln der Bearbeitung sich zum Teil so rasch ändern, dass beide Aufgabengebiete nur von wenigen Sachbearbeiter/innen in hoher Qualität und in nennenswertem Umfang bearbeitet werden konnten. Die Fehlerquote war, insbesondere im Bestandsbereich, hoch. Dieses Problem spiegelte sich auch auf der Ebene der Vorgesetzten: nicht nur die Sachbearbeiter/innen waren überfordert, so die Aussagen der Befragten, sondern auch die Gruppenleiter und stellvertretenden Gruppenleiter/innen, die die fachliche Aufsicht nicht für beide Gebiete in gleichem Maß und in gleicher Intensität wahrnehmen konnten.

Ein „Führungsproblem" bestand entsprechend darin, dass wegen der komplementären Besetzung der Gruppenleitung – war der Gruppenleiter ein Leistungsexperte, waren die Stellvertreter/innen Bestandsexpert/innen und umgekehrt – die fachliche Aufsicht über Bestands- und Leistungsbearbeiter/innen nicht ausreichend gewährleistet war. Der fachliche Schwerpunkt der Gruppenleiter lag überwiegend im Leistungsbereich; in manchen Gruppen hatte der Gruppenleiter daher nicht die erforderliche Fachkompetenz, um die Fragen der Sachbearbeiter/innen aus dem Bestandsbereich zu beantworten. Die fachliche Kontrolle der Arbeitsqualität und Entscheidungen in komplexen Fällen gelten jedoch prinzipiell als Aufgabe des Gruppenleiters, „nur, der war dann wiederum fachlich da überfordert, ja, man kann das so sagen. Da waren dann zwar Grundzüge da, aber diese Grundzüge reichten halt irgendwo nicht aus.", urteilt rückblickend beispielsweise der Leiter der Zweigstelle, Herr Conrad. Herr Mühlenbrock, der Gruppenleiter im Vertragsbereich, weist auf die Problematik der Vertragsbearbeitung in den „alten" Rundumsachbearbeitungs-Gruppen hin, indem er seine eigene Situation als Führungskraft thematisiert: Es gab Kommunikationsprobleme, so führt er aus, weil er als einziger Vertragsexperte in der Gruppenleiterfunktion relevante Änderungen und Bearbeitungsstandards nicht in ausreichendem Maße über die vier Gruppen streuen und kontrollieren konnte. Informationen über Neuregelungen o. ä. wurden im Schneeballsystem innerhalb und zwischen den Gruppen verbreitet – das führte zu Verfälschungen und Informationsverlusten. Diese Sicht wird von den anderen Führungskräften und den Beschäftigten bestätigt.

Aus der Perspektive der Beschäftigten wird ebenfalls berichtet, dass es im Bestandsbereich Probleme gab, den Arbeitsanfall zu regulieren und fachliche Standards zu halten. Aufgrund des Arbeitsanfalls gibt es deutlich mehr Leistungs- als Bestands-Sachbearbeiter/innen. Auch wenn in der Ausbildung Kenntnisse in beiden Bereichen erworben werden, gelten doch beide Aufgabenbereiche als so komplex, dass Sachbearbeiter/innen jeweils einen Kompetenzschwerpunkt haben; dementsprechend waren die aufgabenintegrierten Arbeitsgruppen so aufgeteilt, dass je etwa sechs bis acht Leistungs-Sachbearbeiter/innen und zwei Bestands-Sachbearbeiter/innen vertreten waren. Beide Aufgabengebiete wurden regelmäßig und in größerem Umfang nur von einzelnen Beschäftigten bearbeitet. Üblich war, dass Bestandsbearbeiter/innen bei hohem Arbeitsanfall im anderen Gebiet (und/oder bei zu geringem im eigenen) auch Leistungsanträge bearbeiteten, wohingegen der umgekehrte Fall nur selten vorkam. Die organisatorische Lösung für diese Probleme bestand in einer erneuten Trennung der beiden Bereiche und der Abkehr vom Ziel der Rundumsachbearbeitung in dem Sinne, dass Bestands- und Leistungsbearbeitung integriert bearbeitet werden sollen.

Von den befragten Beschäftigten wurden Veränderungen in der täglichen Arbeit nicht thematisiert oder negiert: Alle Beschäftigten verwiesen darauf, dass sich ihre Arbeit im Grunde nicht verändert hat – die Rahmenbedingungen, wie z. B. die räumliche Verteilung der Kolleg/innen und damit bestehende Kooperationsbeziehungen hätten sich verändert, nicht jedoch ihre Aufgaben und Tätigkeiten. Manche Sachbearbeiter/innen erwähnen zwar, dass sie früher auch Aufgaben aus dem jeweils anderen Arbeitsgebiet – also Bestandsbearbeitung zusätzlich zur Leistungsabrechnung, selten vice versa – erledigt haben; diese Tatsache machen sie aber nicht zu einem herausgehobenen Thema ihrer Beschreibungen. Ein Mitarbeiter resümiert die Tatsache, dass sich Bestandsbearbeiter/innen in die Leistungsabrechnung eingearbeitet haben und dieses Aufgabengebiet nun nicht mehr bearbeiten, so: „War natürlich auch klar, dass dann zu dem Zeitpunkt diejenigen, die früher gerechnet haben, nie mehr rechnen werden. Also war das, so

2.3 Die Organisation

gesehen, für die Katz, dass wir das gemacht haben. Aber, man hat es mal gemacht, und, ja." Andere Bearbeiter/innen beschreiben die fachliche Kompetenz, beide Aufgabenbereiche bearbeiten zu können, als Moment der Anerkennung und als Ausweis ihrer hohen Qualifikation; aber auch sie thematisieren diesen Aspekt nicht als zentrales Moment ihrer Arbeitserfahrungen.

Ein weiterer Aspekt dieser Etappe der Umstrukturierung ist die Einführung flexibler Arbeitszeiten. Unternehmenspolitisches Ziel der Arbeitszeitflexibilisierung ist, die Beschäftigten nicht auf starre Anwesenheitszeiten zu verpflichten und ihnen Gestaltungsspielräume zu ermöglichen und gleichzeitig das arbeitsorganisatorische Problem, unregelmäßig anfallende Arbeitsmengen auszugleichen, zu lösen. Die zentrale Zielvorstellung bestand dementsprechend darin, flexibel auf den saisonal (z. B. wegen quartalsmäßiger Abrechnungen oder fixer Termine von Beitragsanpassungen) stark schwankenden Arbeitsanfall zu reagieren. Mit der Einführung flexibler Arbeitszeiten ist also ein Ausgleich von Unternehmens- und Beschäftigteninteressen intendiert; die zugrundeliegende Norm lautet jedoch, so wird aus den Gesprächen mit den Beschäftigten deutlich: Wer nichts mehr zu tun hat, kann – und soll – nach Hause gehen. Die flexible Arbeitszeitregelung wird von den Beschäftigten unterschiedlich genutzt; alle befragten Mitarbeiter/innen verweisen sowohl auf die organisationsseitigen Anforderungen als auch auf ihre individuellen Interessen und schildern entsprechend unterschiedliche Verfahrensweisen: Manche Beschäftigten beschreiben ihre regelmäßigen Arbeitszeiten und den hohen Stellenwert, den sie dieser Regelmäßigkeit beimessen, andere beschreiben ihre flexiblen Arbeitszeiten und die Maßstäbe, nach denen sie – flexibel – entscheiden, wie sie wann arbeiten: wie viel zu tun ist, wie die Anwesenheiten und Arbeitsmengen ihrer Kolleg/innen aussehen, welche privaten Verpflichtungen oder Interessen sie berücksichtigen (zum Beispiel Arbeitszeiten des Partners oder der Partnerin, Hobbies, private Verabredungen), welche Wegzeiten zum Arbeitsplatz sie haben. Ein weiterer wichtiger Bestandteil der Umstrukturierung in dieser Phase ist das verstärkte Qualitätsmanagement. Durch die Vorgabe der „Tagfertigkeit" – jeder Geschäftsvorgang soll innerhalb von drei Arbeitstagen bearbeitet werden – und die intensivierte Kontrolle von Qualität und Produktivität der Arbeit, die durch ein neues internes technisches Kontrollsystem möglich wird, sollen höhere Standards in der Sachbearbeitung, sowohl in der Schnelligkeit als auch in der Qualität der Bearbeitung, erreicht werden.

Basis all dieser Elemente veränderter Unternehmenspolitiken ist das Leitbild der Kundenorientierung. War das Ziel des Reorganisationsschrittes der Rundumbearbeitung, eine hohe Verantwortlichkeit und persönliche Kommunikation mit Kund/innen quer über die Aufgabengebiete Bestand und Leistung zu erreichen, ist das Ziel des darauf folgenden Reorganisationsschrittes vor allem, eine größere Erreichbarkeit und eine schnellere Bearbeitung zu gewährleisten. Durch die flexible Arbeitszeit können längere Betriebszeiten eingeführt werden, und durch die Leitlinie der „Tagfertigkeit" sollen Rückstände und lange Bearbeitungs- und Antwortzeiten vermieden werden. Zu Zeiten der integrierten Sachbearbeitung in vier Arbeitsgruppen konnte unterschiedlicher Arbeitsanfall dadurch ausgeglichen werden, dass es in jeder Gruppe wenigstens ein oder zwei Sachbearbeiter/innen gab, die in den beiden Arbeitsfeldern Bestand und Leistung so weit qualifiziert waren, dass sie zwar vornehmlich ein Gebiet bearbeiteten, aber darüber hinaus in der Lage waren, Routinevorfälle des anderen Gebietes zu übernehmen und dort „auszuhelfen", wenn die Arbeitsmengen es erforderten. Darüber hinaus war es üblich, gewisse Verzugszeiten bei der Bearbeitung zu akzeptieren. In der arbeitsteilig organisierten Bearbeitungsform wird das Problem, einerseits Leerlauf bei geringem Arbeitsanfall und andererseits Überlastung, Überstunden oder Rückstände bei hohem Arbeitsanfall zu vermeiden, über individuell zu handhabende flexible Arbeitszeiten und deren normative Rahmung – z. B. die begleitende Vorgabe der „Tagfertigkeit" – gelöst.

Die Sachbearbeiter/innen selbst thematisieren als Folge des Reorganisationsprozesses und der Umstrukturierung in der Zweigstelle die räumliche Verteilung der Sachbearbeiter/innen und die „Atmosphäre" bzw. das Betriebsklima. Frau Büchert, eine Mitarbeiterin im Leistungsbereich, beschreibt die Umsetzung der letzten Umstrukturierungsetappe so:

> „Wird eigentlich nur gesagt, so und so wird das jetzt kommen und dann nur, Ihr macht das schon. So nach dem Motto, Ihr werdet euch schon zusammenfinden. Ich sag' mal, auch jetzt das mit dieser Umstellung von drei auf vier Gruppen, das ging ja holterdiepolter. (…) Ich glaub', das ist, ja, zum 01.09. ist es umgesetzt worden und ich meine, in der zweiten oder dritten Augustwoche ist es hier verkündet worden. Und dann, Folien aufgelegt, die Gruppe mit den und den Leuten, die Gruppe mit den und den, und die Gruppe mit den und den. (…) Also, 'n paar Leute wussten dann schon bisschen früher bescheid, aber trotzdem fand ich das eigentlich ziemlich kurzfristig so."

Ihre Kollegin, Frau Scholz, sieht das folgendermaßen:

> „Gerüchte gab's dann schon seit Juni und es ist nie richtig Stellung genommen worden, es wurd' nur gesagt, es wird umstrukturiert, und, ja, dann gibt's immer neue Gerüchte, manchmal gute Gerüchte, weil sie stimmen, manchmal auch, wie's bei Gerüchten halt so ist, es ist aus der Luft gegriffen und dann nachher brannte es dann wirklich."

Durch die kurzfristige und eingeschränkte Weitergabe von Informationen über die konkreten Planungen und ihre Folgen entstand, so die übereinstimmende Aussage aller Beschäftigten, eine große „Unruhe" im Haus, die durch die allgemein als unzureichend erachtete Unterstützung der Sachbearbeiter/innen in der Umsetzung und die geringen Einflussmöglichkeiten der „Betroffenen" noch verstärkt wurde. Frau Scholz sagt über den Zweigstellenleiter, Herrn Conrad „Er hat das gesagt, (...) er wäre gerne bereit, mit den Kollegen noch zu sprechen, aber dran ändern ließe sich nichts."

2.3.3 Arbeitsaufgaben und Arbeitspraxis

Aufgabe des Versicherungsinnendienstes ist es, Versicherungsverträge zu verwalten und Versicherungsleistungen zu veranlassen. Dieser Zweiteilung der Aufgabenstellung folgt die Verteilung der Tätigkeiten: Die Versicherungsbestandsbearbeitung beginnt mit der Festlegung der Vertragskonditionen und der Anfertigung des Vertrages, der Ablage und Verwaltung der Verträge, sie umfasst weiter Änderungen der Verträge wie z. B. Adressänderungen oder Modifikationen des Vertragsinhaltes, Kündigungen, den Beitragseinzug, Mitteilungen über Beitragsänderungen und das Beantworten von schriftlichen oder telefonischen Kundenanfragen zu allem, was Vertragsabschlüsse oder -änderungen betrifft. Leistungsbearbeitung bedeutet, von Kunden eingereichte Rechnungen zu prüfen und zu erstatten, „die Post" zu erledigen, d. h. schriftliche Anfragen von Kunden/innen im Hinblick auf beispielsweise Krankenhaus- und Kuraufenthalte oder Zahnersatzleistungen zu beantworten, und telefonische Auskünfte zu erteilen.

Die traditionelle Form der Arbeitsorganisation im Versicherungsinnendienst entspricht dieser Verteilung von Tätigkeiten auf die inhaltlichen Bereiche „Vertrag" bzw. „Bestand" und „Leistung". In der untersuchten Zweigstelle des Versicherungsunternehmens gab es bis Ende der achtziger Jahre je zwei Arbeitsgruppen zur Bearbeitung der Verträge bzw. Leistungsabrechnung, innerhalb derer die Arbeit weiter nach Einzelaufgaben (Sichten, Prüfen, Diktieren, Schreiben) untergliedert und auf mit unterschiedlichen Kompetenzen ausgestattete „Korrespondenten" und „Rechner" verteilt war. Diese hierarchisierte Form der Bearbeitung durch „Korrespondenten" und „Rechner" wurde Mitte der achtziger Jahre aufgehoben. 1989/90 wurde dann darüber hinaus die grundsätzliche funktionale Arbeitsteilung nach Vertrags- und Leistungsbearbeitung abgelöst durch ein Konzept der Arbeitsorganisation, das die integrierte Sachbearbeitung zum Ziel hatte. Die Arbeitsgruppen blieben bestehen, bearbeiteten nun aber innerhalb der Gruppen Verträge und Leistungsabrechnungen für einen bestimmten Kundenstamm. Die Arbeit wurde nach „Endnummern" der Versicherungsverträge, hier einem rein quantitativ orientierten und nicht mit qualitativen Zusatzinformationen (über beispielsweise Vertrags- oder Kundentypen) versehenen Prinzip, auf die Gruppen verteilt. Innerhalb der Gruppen bearbeiteten die Sachbearbeiter/innen in der Regel weiterhin schwerpunktmäßig eines der Aufgabengebiete Vertrag oder Leistung, wobei sie je nach Arbeitsanfall auch Tätigkeiten des jeweils anderen Gebietes übernahmen; einzelne Sachbearbeiter/innen bearbeiteten regelmäßig beide Aufgabenfelder. Spezialgebiete wie z. B. „Psychotherapie" oder „Zahnersatz" wurden – unabhängig vom Prinzip der „Rundumsachbearbeitung" – innerhalb der Arbeitsgruppen von verschiedenen Mitarbeiter/innen betreut. Mitte 1996 wurde ein nächster Reorganisationsschritt umgesetzt: Die integrierte Sachbearbeitung wurde eingestellt und die funktionale Arbeitsteilung als oberstes Prinzip der Arbeitsorganisation wieder eingeführt. Gleichzeitig wurden die Gruppen von vier auf drei reduziert; seitdem gibt es eine Gruppe, die den Bereich „Vertrag" und zwei Gruppen, die den Bereich „Leistung" bearbeiten. Mit diesem Reorganisationsschritt verbunden waren eine Reduktion von Führungspositionen und die Neuzusammensetzung der Arbeitsgruppen. Die meisten Sachbearbeiter/innen führen aus, dass diese Umstellungen auf arbeitsinhaltlicher Ebene keine maßgeblichen Veränderungen für sie bedeuten: „Die Arbeit an sich hat sich nicht geändert.", sagt zum Beispiel Frau Büchert, eine Beschäftigte im Leistungsbereich. Diese Aussage entspricht dem durchgängigen Tenor der Aussagen; alle befragten Beschäftigten berichten, dass sich ihre Arbeit durch die verschiedenen Reorganisationsetappen hindurch im Prinzip nicht verändert hat; das „an sich" in der zitierten Aussage lässt sich aus dem Gesamtkontext so verstehen, dass der stoffliche Kern der Arbeit gleich geblieben ist, und zwar auch unter sich ändernden Rahmenbedingungen. Für einige Mitarbeiter/innen bedeutete der letzte Reorganisationsschritt einen Wechsel der Tätigkeiten, für einige, die früheren „Springer", eine stärkere Wieder-Eingrenzung des Aufgabengebietes, für einige – unter der Zielsetzung der spartenübergreifenden Bearbeitung – die Übernahme zusätzlicher Aufgaben. Beide Aspekte werden von den Beteiligten aber nicht zu einem zentralen Bezugspunkt der Darstellung ihrer Arbeit gemacht; mit Blick auf Aufgaben und Tätigkeiten werden durchgängig eher Kontinuitäten betont als Umbrüche oder Veränderungen in der Arbeit.

Die Beschreibungen der Sachbearbeiter/innen ihrer alltäglichen Arbeit in der aktuellen Organisationsform lassen sich zu einem relativ einheitlichen Bild verdichten: Jede/r Sachbearbeiter/in betreut in seinem/ihrem Arbeitsbereich einen „eigenen" Kundenkreis, der durch einen rein mengenmäßig definierten Bereich an Endnummern der Versicherungsverträge festgelegt ist. Sachbearbeiter/innen, die ein Spezialgebiet bearbeiten, betreuen einen kleineren Kundenstamm. Die tägliche eingehende Post (Kundenanfragen, Leistungsanträge o. ä.) wird dementsprechend nach Versicherungsnummern sortiert und durch den Gruppenleiter verteilt. Alle Sachbearbeiter/innen üben prinzipiell die gleichen Tätigkeiten aus; sie bearbeiten Leistungsanträge bzw. Versicherungsverträge, sichten und prüfen sie, sie beantworten schriftliche oder telefonische Anfragen, holen Auskünfte ein und anderes mehr.

Der Arbeitsablauf ist einerseits durch organisatorische Regelungen vorgegeben. Die Arbeit wird nach funktionaler Aufgabenzuweisung („„Bestand" oder „Leistung"), nach Zuständigkeitsbereich (Endnummern) und nach bestimmten Arbeitsstandards erledigt, so z. B. dem Zeitpunkt des Eingangs (früher eingegangene Vorgänge werden zuerst bearbeitet) oder der Anweisung, schriftliche Anfra-

2.3 Die Organisation

gen vorrangig vor der Auszahlung von Leistungsanträgen zu bearbeiten. Diese Arbeitsstandards sind zeitlich und von ihrer Reichweite her variabel; sie bieten einen gewissen Interpretationsspielraum, müssen gegeneinander abgewogen werden, haben aber gleichzeitig hohe normative Kraft und setzen die Rahmenbedingungen für den täglichen Arbeitsablauf. Innerhalb dieser Rahmenbedingungen besteht andererseits ein gewisser Gestaltungsspielraum für die Sachbearbeiter/innen. So gibt es z. B. verschiedene Kriterien, den Arbeitseingang zu sortieren – nach Art des Eingangs (beispielsweise „Post" oder „Antrag"), Eingangsdatum, Umfang, antizipiertem Schwierigkeitsgrad, antizipierter Bearbeitungsdauer – und nach individuellen Mustern abzuarbeiten, die in mehr oder minder starker Ausprägung die geltenden Arbeitsnormen berücksichtigen. Es ist möglich, den Eingang sortiert oder unsortiert abzuarbeiten, Routinearbeit zuerst zu erledigen und Schwieriges aufzuschieben oder aber „unangenehme Sachen" zuerst zu bearbeiten und danach die Routinefälle; es ist möglich, Telefonate an Kolleg/innen umzuleiten, Anfragen aus anderen Bereichen je nach Kenntnisstand zu beantworten oder aber direkt an die formal zuständigen Kolleg/innen weiterzuleiten u. a. Darüber hinaus ist es – in gewissem Rahmen – möglich, darüber zu entscheiden, wie Arbeitsanfall und Arbeitszeit ausbalanciert werden, ob man so lange im Büro bleibt, bis die gesamte Arbeit eines Tages erledigt ist, ob man sich bestimmte Dinge für den nächsten Arbeitstag zur Bearbeitung vorbehält, ob man den Eingang eines Tages im „Körbchen" liegen lässt, damit er auf andere Bearbeiter/innen verteilt wird oder einen Teil der Arbeit selbst an Kolleg/innen abgibt.

Auch die inhaltliche Bearbeitung folgt einerseits klaren Regelungen; sie wird entlang der Vorgaben der Computersoftware (Menüsteuerung und Benutzungshandbuch zur Computersoftware) und nach den inhaltlichen Richtlinien eines verbindlichen Regelwerkes (schriftliche Arbeitsanweisungen zur Sachbearbeitung und Kundendienst-Regelungen) erledigt. Andererseits bestehen auch hier Spielräume: wie schnell, wie intensiv, wie regelwerksgetreu, wann schriftlich, wann telefonisch, wie freundlich, wie fehlerfrei usw. gearbeitet wird, ist, so die Befragten, von individuellen Fähigkeiten und Vorlieben geprägt und damit Gegenstand individueller Entscheidungen, Routinen und Praxen: „Ich sag' mal, jeder macht das schon, klar gibt's 'ne, es gibt 'ne klare Anweisung, wie jeder 'ne Sache zu bearbeiten hat. (...) Aber, irgendwie variiert das ja auch schon so 'n bisschen.", sagt beispielsweise Frau Krämer, eine Sachbearbeiterin im Vertragsbereich. Auch die Inhalte der Sachbearbeitung bieten Entscheidungsspielräume (in welchen Fällen, um ein Beispiel zu nennen, Vitaminpräparate von der Krankenkasse bezahlt werden oder verspätete Kündigungen akzeptiert werden), die im Ausbalancieren von schriftlichen Regelungen, Erfahrungswissen und Absprachen mit Kolleg/innen individuell genutzt werden. Das Gleiche gilt für die Arbeitsteilung mit Kolleg/innen. Jede/r arbeitet prinzipiell für sich alleine, kooperiert aber in zwei Fällen mit anderen: zum einen, wenn bei unterschiedlich starkem Arbeitsanfall, im Falle von Krankheit oder Urlaub Arbeit untereinander über das Endnummernprinzip hinaus verteilt werden muss und zum anderen, wenn in der Bearbeitungssituation sachlich-inhaltliche Fragen aufkommen, die der/die Bearbeiter/in nicht alleine lösen kann oder will. Sowohl der wechselseitige Austausch bei inhaltlichen Fragen während der Bearbeitung als auch das Verteilen von Geschäftsvorfällen folgt dann wiederum individuellen Praxen: Wann wer wen um Auskunft bittet, in welchen Fällen der/die Nachbarin, ein/e Spezialist/in oder der Vorgesetzte angesprochen wird, ob man sich selbst Geschäftsvorgänge aus dem Körbchen eines/r Kolleg/in nimmt oder in jedem Fall das Verteilen durch den Gruppenleiter abwartet, wird unterschiedlich gehandhabt.

2.4 Struktur und Handlung, Deutung und Entscheidung

Die bis hierhin skizzierten Unternehmensstrukturen, die beschriebenen Arbeitsprozesse und die geschilderten Prozesse der Umstrukturierung stellen den Kontext dar, innerhalb dessen sich die Entscheidung um die stellvertretende Gruppenleitung ereignet hat. Bevor diese Skizze durch rekonstruierte Dokumente und durch Interviewmaterial weiter vertieft und illustriert wird, sollen an dieser Stelle ein paar kurze Überlegungen angestellt werden, um das, was zur Organisation und zum Organisieren dazu gehört, zu systematisieren.

Klar ist: Das Entscheiden in einer Organisation ist eingebettet in organisatorische Strukturen und Prozesse. In der Praxis des Organisierens, Arbeitens und Lebens in der Organisation „erkennen" die Organisationsmitglieder kontinuierlich ihre Organisation – sie deuten die Geschehnisse und ordnen sich, ihre je eigenen Vorstellungen, Überzeugungen, Erfahrungen, ihr Wissen und ihre Gefühle, in diese Geschehnisse ein. Sie kommunizieren mit anderen Akteuren, sie handeln, sie arbeiten, sie tun alltägliche Dinge, die sie tausend Mal getan haben oder solche, die völlig neu und ungewohnt sind – und in all dem entscheiden sie. Eine Entscheidung wie die über die Besetzung der stellvertretenden Gruppenleitung ist also eingebunden in die Strukturen der Organisation und in das Denken, Deuten, Reden und Handeln der Organisationsmitglieder. Die Analyse der Fallgeschichte bezieht sich entsprechend auf Strukturen und auf das Handeln der Akteure – dies allerdings immer nur in der Rekonstruktion, in Form der Berichte und Erzählungen über aktuelles und vergangenes Handeln.[14]

---

14 Das Handeln der Akteure „in actu" kann bestenfalls durch ethnographische Methoden, durch teilnehmende Beobachtung oder beobachtende Teilnahme, erhoben werden. Auch dann ist es aber erstens eine Momentaufnahme und zweitens eine Rekonstruktion: in diesem Fall durch das Festhalten und Beschreiben des Handelns in Beobachtungsprotokollen.

2.4 Struktur und Handlung, Deutung und Entscheidung

Die Ebene des Handelns und Kommunizierens der Akteure untereinander wird häufig als die „informelle Seite" der Organisation betrachtet: Wie und worüber die Organisationsmitglieder miteinander sprechen, welche Umgangsformen sie pflegen, wie sie miteinander auskommen, einander helfen, Privates austauschen, Gemeinsames unternehmen, klatschen und tratschen, einander austricksen, mobben oder ignorieren – das ist nicht förmlich geregelt. Auch dieses Handeln und Kommunizieren ist strukturiert, aber eben nicht durch schriftlich festgehaltene, formalisierte Regeln und Verfahren.

Die formale Struktur einer Organisation besteht – unter anderem – darin, wie die einzelnen Stellen oder Positionen zueinander angeordnet sind und wie die unterschiedlichen Aufgaben, die in einer Organisation zu erledigen sind, verteilt sind. Auf dem Papier ist das ein Geschäftsverteilungsplan, ein Arbeitsablauf oder -verteilungsplan. Mit der Verteilung der Aufgaben korrespondiert die Verteilung der Stellen, das ist ein Stellenplan. Beides findet sich in schriftlich niedergelegten Dokumenten[15] – in Organigrammen, Telefonverzeichnissen, Mailing-Listen, Aktennotizen, amtlichen Mitteilungen, Gesprächsprotokollen, Ausführungsanordnungen, Verfahrensrichtlinien, Gesetzen usw. usf. –, die zum Teil niemals genutzt werden, aber zum Beispiel für den Konfliktfall in der Ablage zur Verfügung stehen. Zum Teil sind sie Bestandteil der täglichen Arbeitspraxis und auch der Außendarstellung des Unternehmens, zum Beispiel als Schnittstelle der Kundenkommunikation. Formale Strukturen der Organisation sind also ihre Stellen, ihre Beziehungen der Über- und Unterordnung (hierarchische Ordnung) und ihre schematisierten Arbeits- und Kommunikationsprozesse. Allesamt beruhen sie auf Entscheidungen.

Strukturen bestehen nicht nur in „greifbaren" Elementen der Organisation wie zum Beispiel den beschriebenen Stellen- oder Geschäftsverteilungsplänen oder auch den Gebäuden oder der technischen Ausstattung der Arbeitsplätze. Strukturen sind darüber hinaus all die Elemente von Organisation, die durch das tägliche Handeln in Organisationen hergestellt werden und die dem Handeln wiederum den Rahmen vorgeben. Strukturen sind also institutionalisierte, verfestigte Handlungspraxen, auf die man sich – ausgesprochen oder unausgesprochen – bezieht. Sie bestehen also zum Beispiel in festgelegten Möglichkeiten, auf andere Einfluss zu nehmen (die Position des Zweigstellenleiters verfügt strukturell über höhere „Ressourcen" als die Position eines Mitglieds des Schreibbüros), in festgeschriebenen Abfolgen der Weitergabe von Informationen oder der Bitte um Entscheidungen (der „Dienstweg") oder in den üblicherweise eingehaltenen Formen des Feierns

---

15 Man denke an Max Webers (1980) Charakteristika des Bürokratiemodells: an das Prinzip der Aktenmäßigkeit der bürokratischen Verwaltung, das zusammen mit dem „Fachmenschentum" der Beamten, also den speziell qualifizierten Organisationsmitgliedern, den „Kernpunkt jedes modernen Verbandshandelns" (der bürokratischen Organisation) ausmacht.

von Geburtstagen. Das „Regelwerk" einer Organisation umfasst alle geschriebenen und ungeschriebenen Regeln, die das Handeln der Organisationsmitglieder leiten – also auch alle Normen und Vorstellungen dessen, was erlaubt und was nicht erlaubt ist, wie der Umgang mit der Arbeitszeit erfolgt, wofür man Gehaltszulagen erwarten darf, wann Kolleg/innen einander unterstützen müssen, was gute Arbeit ist usw.[16] Darin gehen die Interpretationen der Sachlage und der Regeln ein, und zwar subjektive, höchst persönliche Deutungen, und über- beziehungsweise intersubjektive, also solche, die den Mitgliedern einer Organisation, einer bestimmten Beschäftigtengruppe oder einer Arbeitsgruppe, gemeinsam sind.

Die empirische Grundlage der Analyse des Falls besteht also a) in den Aussagen der Interviews und b) in Materialien, die auf andere Weise – oder andere – Strukturen der Organisation beinhalten und widerspiegeln. Die aussagekräftigsten Dokumente sind hier die Stellenpläne (Organigramme) des Versicherungsunternehmens. In ihnen bilden sich, ebenso wie in den Berichten der Befragten, die getroffenen Entscheidungen um die stellvertretende Gruppenleitung ab.

2.4.1 Die Arbeitsgruppen

So sehen die Organigramme der Zweigstelle des Versicherungsunternehmens zu verschiedenen Zeitpunkten im Verlauf des Umstrukturierungsprozesses aus:

Rekonstruktion Organigramm: 1990 bis Ende 1995

Leitung der Zweigstelle: bis 1993: Herr Jakumeit, 1993 ff.: Herr Conrad

Gruppe 1	Gruppe 2	Gruppe 3	Gruppe 4
Hr. Mühlenbrock (B)	*Hr. Schreiner (L)*	*Hr. Eistermann (L)*	*Hr. Lambert (L)*
Hr. Seitz (L)	*Fr. Pietsch (B)*	*Hr. Schäfer (B)*	*Fr. Gudenau (B)*
Fr. Fritsch	Fr. Büchert	Fr. Acker	Fr. Hensel
Fr. Krämer (B)	Hr. Stauber	Fr. Snell	Hr. Lohfink (B)
Fr. Schleissner	Hr. Pfaff	Hr. Hüsch	Hr. Müssle
Fr. Mollenhauer (B)	Fr. Oesterreich	Fr. Wagner	Hr. Kluge
Fr. Oels	Fr. Pütz	Hr. Lippold	Hr. Leiser
Hr. Waldkircher	Fr. Hartung (B)	Fr. Jaekel (B)	Fr. Schmidt
Hr. Müssig	Fr. Ehmes	Hr. Janzik (B)	Hr. Heinzinger
Fr. Noll	Hr. Skell	Fr. Adler	Fr. Lenz
Hr. Schreier	*Hr. Goeke (B)*	Fr. Huth	Fr. Dürnberger
Hr. Storcksdieck	Fr. Scholz	Fr. Gessler	Fr. Lang
Fr. Listmann			
Schreibbüro: Keine Angaben			

---

16 Anthony Giddens (1992), der hier im Hintergrund steht, definiert Strukturen als „Set von Regeln und Ressourcen" (siehe auch Abschnitt 3.4.1).

2.4 Struktur und Handlung, Deutung und Entscheidung   35

Rekonstruktion Organigramm: 01.01.1996 bis 31.08.1996

Leitung der Zweigstelle: Herr Conrad

Gruppe 1	Gruppe 2	Gruppe 3	Gruppe 4
Hr. Mühlenbrock (B)	*Hr. Schreiner (L)*	*Hr. Eistermann (L)*	*Hr. Lambert (L)*
Hr. Seitz (L)	*Hr. Goeke (B)*	*Hr. Schäfer (B)*	*Fr. Gudenau (B)*
Fr. Fritsch	Fr. Büchert	Fr. Acker	Fr. Hensel
Fr. Krämer (B)	Hr. Stauber	Fr. Snell	Hr. Lohfink (B)
Fr. Schleissner	Hr. Pfaff	Hr. Hüsch	Hr. Müssle
Fr. Mollenhauer (B)	Fr. Oesterreich	Fr. Wagner	Hr. Kluge
Fr. Oels	Fr. Pütz	Hr. Lippold	Hr. Leiser
Hr. Waldkircher	Fr. Hartung (B)	Fr. Jaekel (B)	Fr. Schmidt
Hr. Müssig	Fr. Ehmes	Hr. Janzik (B)	Hr. Heinzinger
Fr. Noll	Hr. Skell	Fr. Adler	Fr. Lenz
Hr. Schreier	*Fr. Pietsch (B)*	Fr. Huth	Fr. Dürnberger
Hr. Storcksdieck	Fr. Scholz	Fr. Gessler	Fr. Lang
Fr. Listmann			

Schreibbüro: Fr. Gruber, Fr. Schnaus, Fr. Fäth, Hr. Althen, Fr. Eistermann

Organigramm: 01.09.1996 ff.

Leitung der Zweigstelle: Herr Conrad

Gruppe 1	Gruppe 2	Gruppe 3
Hr. Mühlenbrock (B)	*Hr. Schreiner (L)*	*Hr. Eistermann (L)*
Hr. Goeke (B)	*Hr. Seitz (L)*	*Hr. Lambert (L)*
Fr. Mollenhauer (B)	Fr. Fritsch	Hr. Hüsch
Hr. Schäfer (B)	Fr. Schmidt	Hr. Müssig
Hr. Lohfink (B)	Fr. Lenz	Fr. Adler
Hr. Langer (B)	Fr. Scholz	Fr. Wagner
Hr. Janzik (B)	Fr. Büchert	Fr. Hensel
Hr. Scheuch (B)	Hr. Stauber	Fr. Acker
Fr. Hartung (B)	Fr. Schleissner	Hr. Müssle
Hr. Gierock (B)	Hr. Leiser	Fr. Snell
Fr. Gudenau (B)	Hr. Pfaff	Hr. Kluge
Fr. Krämer (B)	Fr. Oels	Hr. Lippold
Hr. Dorant (B)	Fr. Oesterreich	Hr. Heinzinger
Fr. Jaekel (B)	Fr. Pütz	Fr. Noll
Fr. Pietsch (B)	Hr. Waldkircher	Fr. Dürnberger
	Fr. Ehmes	Fr. Wagner
	Hr. Skell	Fr. Huth
	Hr. Schreier	Fr. Lang
	Hr. Storcksdieck	
	Fr. Listmann	

Schreibbüro: Fr. Gruber, Fr. Schnaus, Hr. Althen, Fr. Eistermann

Erläuterung: (B): Bestandsbearbeitung, (L): Leistungsbearbeitung; alle nicht bezeichneten Mitarbeiter/innen gehören dem Leistungsbereich an. Alle Namen sind geändert. Kursiv gesetzte Namen markieren die in der Stellenbesetzung der stellvertretenden Gruppenleitung relevanten Akteure. Die Organigramme sind keine Originaldokumente, sondern Rekonstruktionen aus der Dokumentenanalyse.

2.4.2 Die Akteure

Die Akteure in Organisationen sind die Organisationsmitglieder (oder auch, aber das steht hier nicht im Mittelpunkt des Interesses, Artefakte). Sie sind zum einen Menschen, die in Organisationen tätig sind, also Individuen, Subjekte mit je eigener Biographie, mit je persönlichen Vorstellungen davon, wer sie sind, warum sie so geworden sind, wie sie sind, mit Eigenschaften, die typisch für sie sind und mit je eigenen Zielen und Interessen.[17] Sie sind als Mitglieder der Organisation aber auch „Rollenträger", die über einen Arbeits-, Dienst- oder Mitgliedschaftsvertrag in die Organisation eingebunden sind. Damit werden wechselseitige Erwartungen und Verpflichtungen festgelegt, zum Beispiel welche Leistung zu welchem Gegenwert erbracht werden soll oder welche Verhaltensweisen zum Ausschluss aus der Organisation führen. Die Akteure stehen in Konstellationen (der Beobachtung, der Beeinflussung, der Verhandlung, vgl. Schimank 2002) zueinander, die man ebenso zum Gegenstand der Analyse machen kann wie die konkreten Interaktionen, in denen sie miteinander stehen oder die Normen und Interpretationen, die sie teilen. Und sie sind als Einzelne relevant, als Akteure mit je spezifischen Handlungsorientierungen und -möglichkeiten, Aufgaben und Kompetenzen, Interessen und Machtchancen.

Das sind die Befragten, die im Laufe der Analyse des Falls zu Wort kommen:
- *Herr Conrad* ist 36 Jahre alt, Versicherungskaufmann mit der Weiterbildung zum Versicherungsfachwirt und Leiter der untersuchten Zweigstelle des Unternehmens. Er ist verheiratet und hat drei Kinder.
- *Herr Mühlenbrock* ist 47 Jahre alt, Versicherungskaufmann, Gruppenleiter im Bereich „Vertrag" und stellvertretender Zweigstellenleiter. Er ist verheiratet und hat zwei Kinder.
- *Herr Goeke* ist 29 Jahre alt, Versicherungskaufmann mit der Weiterbildung zum Versicherungsfach- und -betriebswirt. Er ist Sachbearbeiter und stellvertretender Gruppenleiter im Bereich Vertragsbereich; als Spezialaufgabe befasst er sich mit der Erstellung von Textbausteinen, die unternehmensweit

---

17 Die Begriffe: Mensch, Person, Subjekt, Individuum, Akteur, personales System (die Auflistung ist nicht vollständig) sind Bezeichnungen für diejenigen, die in der Lage sind, ihre Umgebung kognitiv und intuitiv zu deuten, sich zu und in ihr zu verhalten und sinnhaft und zielgerichtet zu handeln. Sie werden teils synonym verwendet, sie zeigen aber auch jeweils eine bestimmte theoretische Einbindung an, und sie weichen voneinander ab, indem sie jeweils bestimmte Aspekte betonen: mit Blick auf den Stellenwert der Seele, des freien Willens, der Einzigartigkeit usw. Wenn man den Begriff „Akteur" verwendet, dann betont man zum Beispiel, dass es um ein Element in einer gegebenen Situation geht, das zu handeln in der Lage ist. Wie man die Begriffe genau voneinander unterscheidet und theoretisch korrekt verwendet, das ist Gegenstand theoretischer Diskussionen, die hier nicht ausgeführt werden können.

2.4 Struktur und Handlung, Deutung und Entscheidung 37

eingesetzt werden, und er ist interner Trainer für die Kundenkommunikation. Er hat eine feste Partnerin, keine Kinder.
- *Frau Adler* ist 24 Jahre alt und Versicherungskauffrau im Bereich „Leistung" mit dem Spezialgebiet Psychotherapien. Sie hat einen Partner, keine Kinder.
- *Frau Büchert* ist 27 Jahre alt, Versicherungskauffrau, arbeitet als Sachbearbeiterin im Bereich Leistungsbearbeitung und ist Ausbildungsleiterin. Sie ist verlobt, hat keine Kinder.
- *Frau Scholz* ist 26 Jahre alt, ist Versicherungskauffrau, hat die Weiterbildung zur Versicherungsfachwirtin abgeschlossen und die zur Versicherungsbetriebswirtin begonnen; sie arbeitet im Bereich Leistungsbearbeitung mit dem Spezialgebiet Pflegepflichtversicherung. Sie ist Single und hat keine Kinder.

Bis auf Herrn Conrad und Herrn Mühlenbrock haben alle Befragten ihre Ausbildung in dieser Zweigstelle des Unternehmens absolviert und gehören seitdem dem Unternehmen an. Alle arbeiten in einem Vollzeit-Arbeitsverhältnis in ununterbrochener Erwerbstätigkeit.

2.4.3 Die Interviews

Im folgenden Abschnitt sind nun Auszüge aus Interviews zusammengestellt, die die Darstellungen und Deutungen des Entscheidungsgeschehens – und des organisationalen Alltags – durch die aktiv und passiv am Entscheidungsprozess beteiligten Akteure beinhalten. Im Gespräch (und dann ein zweites Mal in der Auswertung des Interviewmaterials) wurden die Strukturen der Organisation und das Handeln der Organisationsmitglieder rekonstruiert. Normen, Deutungen, Interpretationen, Legitimationen, Alltagstheorien, Emotionen – all das lässt sich aus den Berichten und Erzählungen herausarbeiten. Konkret sind aus den Gesprächen mit den Befragten solche Passagen ausgewählt worden, die a) direkte oder indirekte Bezüge zum Fall der Besetzung der stellvertretenden Gruppenleitung aufweisen oder die b) über die alltägliche Praxis des Arbeitens, Organisierens und Entscheidens in der Zweigstelle berichten.[18]

---

18 Betonungen sind nicht, Auslassungen oder unverständliche Textpassagen sind mit (...) gekennzeichnet. Alle Namen sind geändert.

Herr Conrad

1. Auszug
Das war letztendlich das, das Problem, was sich darstellte und wir hatten also, schon Fehlerquoten, in bestimmten Bereichen, die bei dreißig Prozent lagen. Ja? Waren zwar dann keine, sag' ich mal, so, gravierenden, Auswirkungen, vor allen Dingen nicht hin zum Kunden, ja, aber hatte intern schon 'ne Bedeutung, ne, und das hat also dazu geführt, dass man also umdenken, umgedacht hat, oder sagen wir mal, ne, und diese Umstrukturierung, die letztendlich jetzt in Frankfurt am 1.9. stattgefunden hat, also, da war dann jede Zweigstelle natürlich auch frei, wann passt's am besten, ne, wann, wann sollte es jede Zweigstelle dann tun, jetzt z. B. in, in Wiesbaden, findet's ja jetzt mit dem Umzug statt, hier halt, wie gesagt, im, zum 1.9. letzten Jahres. Ja, und da gingen wir jetzt eigentlich wieder einen Schritt zurück, man kann das so schon, schon sagen. Wir gehen einen Schritt zurück, wir haben also erkannt, dass nur dann eine solche Rundumbearbeitung im Team von allen Aufgaben, die eine Zweigstelle zu erfüllen hat, möglich wäre, wenn letztendlich auch, ich, sagen wir mal, dann, genü-, ein, ein, sagen wir mal, Menge an Arbeit da wäre, diese Routine halt aufzubauen und letztendlich dann auch ausreichend Mitarbeiter dann in der Gruppe da wären, die sich auch untereinander austauschen. Diesen Effekt, den haben wir nämlich jetzt wieder, dass also hier z. B. der Vertragsbereich wirklich von einer Person geführt wird, die fachlich hochqualifiziert ist, also sich in allen Bereichen halt auch auskennt, wobei ich das jetzt ein bisschen einschränkend sagen muss, nicht in den anderen Sparten, die jetzt der Herr Mühlenbrock natürlich auch mit in seiner Gruppe hat, da ergibt sich natürlich auch wieder ein Problem.

2. Auszug
C.: Aber, im Großen und Ganzen, ne, muss ich jetzt sagen, also bin ich mit hier der Führung, mit meinen, die ich ja letztendlich übernommen habe von meinem Vorgänger, da habe ich also nichts dran verändert, bis auf diesen einen Gruppenleiter, der jetzt halt dann nicht mehr, notgedrungen nicht mehr Gruppenleiter ist, das habe ich ihm auch gesagt, das ist jetzt also nicht 'ne Qualitätsentscheidung gewesen zwischen, also, ich musste halt einen nehmen, und das war der, der als letzter Gruppenleiter geworden ist. So hab' ich das dann gelöst, hab' ihn aber als, als, stellvertretenden Gruppenleiter ist er jetzt also tätig, in Führungsposition weiter, ne, in, in einer Gruppe.
I.: War da gerade 'ne stellvertretende Position vakant in der anderen Gruppe oder haben Sie dann dort die Stellvertretung, auf 'ne, irgendwie 'ne andere Position geschickt?
C.: Ja. War dann so, dass also, wir so organisiert waren, dass eigentlich der Stellvertreter immer einer aus 'm Vertragsbereich war, so, und dadurch,

2.4 Struktur und Handlung, Deutung und Entscheidung

dass ich die ja alle im Vertragsbereich zusammengezogen habe, wurden dann also diese Positionen frei, ne. Das heißt also, diese Mitarbeiterin, die war z. B. Stellvertreterin, ne, im, im, in der Gruppe, die jetzt dann, wo der Gruppenleiter auch, aufgelöst, also, (...), ne.
I.: Die Gruppe, die aufgelöst wurde?
C.: Die aufgelöst wurde, quasi, sozu-, so ist es, ne. Und die ging dann in den Vertragsbereich, da hätte sie, sag' ich mal rein theoretisch, Stellvertreterin werden können, ne, Stellvertreterin werden können, und zwar Stellvertreterin von dem Herrn Mühlenbrock. Der Herr Mühlenbrock stand nicht zur Disposition, das war klar, es war sein Stellvertreter, und, nur da zogen, da zog ich natürlich so viele Mitarbeiter, sag' ich mal, von hoher Qualität zusammen, dass ich da, ja, wirklich, die Qual der Wahl hatte letztendlich, ne, und, da jetzt dann als Stellvertreter ist dann jetzt z. B., ein junger Mitarbeiter, der also, sag' ich mal, mit Sicherheit mal meine, meine Aufgabe auch irgendwo mal wahrnehmen wird, sag' ich mal, wenn er mobil ist und wenn er dann, ja, er hat jetzt seinen Versicherungsbetriebswirt gemacht, also, eine, absolute Spitzenkraft, die da Stellvertreter wurde, der auch so diese Funktion ausübt, Trainer für Kundenkommunikation, das sind dann also diese Mitarbeiter, in jeder Zweigstelle gibt's da so einen, der letztendlich z. B. Trainings macht, Telefontrainings mit den Mitarbeitern hier vor Ort oder Korrespondenztraining, also die hochqualifiziert sind schon im, in Punkto Kommunikation, und dann halt sich auch treffen in Wiesbaden und dann (...) auch über die, sag' ich mal, über unsere computergesteuerte Textverarbeitung zu sprechen, ne, also die dann auch wieder zu verbessern und so, das macht der z. B. auch. Ja, gut, und wie gesagt, das war, war der Grund, warum das, letztendlich einfach war, da die Position neu zu besetzen.

3. Auszug
I.: Was macht es für Sie aus, ob jemand 'ne gute Führungskraft sein könnte?
C.: Ja, gut. Also, er, er muss, die Person muss zum einen, 'ne Kooperation zeigen, ja, muss also 'ne, 'ne, 'ne freundliche Art haben, muss Ausgeglichenheit zeigen, im, im Umgang mit den Mitarbeitern, ne, also ich, sag' mal, er kann, kann niemanden gebrauchen, der mal schlecht drauf ist, mal gut drauf ist, ne, und das auch immer dann 'raushängen lässt, das sind so die Dinge, und natürlich, wie hilfsbereit, ist, ist die betreffende Person, wie weit guckt die Person über den eigenen Tellerrand, sprich jetzt also über den eigenen Arbeitsbereich, über die drei Endnummern, die er hat, ne, wie bringt er sich also ein in Diskussionen, die, ich sag' mal, in Gruppendiskussionen, ne, wie viel, welche, welche Vorschläge macht er, wie sieht er natürlich, wenn man's mal so, auf, aufwertet, wie sieht er seine Pflichterfüllung, ne. Ich bring' da mal das Beispiel, geht er nachhause, wenn er keine Arbeit hat?

Als Vorbild, ja, in der Gruppe. Ich geh' jetzt nachhause, weil ich keine Arbeit habe, warum soll ich jetzt hier sitzen und, und meine Zeit hier absitzen, oder ich bleib' noch mal zwei Stunden länger, weil ich hab' eigentlich heute nichts vor, ich wollt' eigentlich um drei gehen, aber, dann bleib' ich halt bis um fünf, weil die Arbeit da ist, ja, wer sich so zeigt, ne, das ist, das ist für mich dann, 'ne Person, die ich in, in diesen Kreis dann nehme, ne. Und, ich mein', das ist natürlich dann auch unabhängig von, ich sag' mal, der, ja, von Antipathie und Sympathie, sag' ich mal jetzt so, ne, ich mein', das, ist, ist ja, da, da muss man sich ja immer so selbst als Führungskraft immer so 'n bisschen prüfen, ja, ist das jetzt, sagen wir mal, jemand, weil, was weiß ich, weil er das gleiche Hobby hat oder so, ne, nimmt man ihn, oder beobachtet man ihn auch schon automatisch, intensiver, ne, ich mein', es gibt einfach, sag' ich mal, Menschen, die, die mir auch, natürlich wie jedem anderen auch, nicht so passen, aber, das, da muss man sich dann drüber wegsetzen, ne, und das ist so was ähnliches, sagen wir mal, wie man das halt auch lernt, da versucht, so objektiv wie möglich zu sein und, und da gibt's natürlich, sagen wir mal, Mitarbeiter, die vielleicht nicht so mitteilsam sind und die, vielleicht am Anfang auch 'n bisschen so 'ne introvertierte Art haben und so, ne, aber das darf natürlich jetzt noch nicht dazu führen, dass man sagt, okay, das ist kein guter, ne, so, da muss dann schon aufpassen. Wo ich jetzt z. B., sagen wir mal, 'n Problem habe, wenn jemand also dadurch, dass er immer einfach nur still vor sich hinarbeitet, ja, eigentlich nicht auffällt. Ja, da dann, mal jemand 'n bisschen zu kitzeln und mal zu hören, wie ist er denn eigentlich, ne, oder auch den Gruppenleiter dann zu befragen, hör' mal, von dem hör' ich ja eigentlich überhaupt nichts, ne, macht der seine Arbeit eigentlich gut und bringt er sich ein und so, ich mein', die Fragen aber, oder diese Gespräche, die führe ich natürlich sehr, sehr häufig mit den Gruppenleitern, ja.

4. Auszug

C.: Ja, aber, wie gesagt, also, ich sag' mal jetzt, alleine nur um jetzt nochmal auf das Thema mit dem, mit dem, mein Führungskräfteproblem, was ich ja hatte bei der Umstrukturierung, ne, ich hab' damals dann, ich mein', in der Gruppe sitzen jetzt zwei ehemalige stellvertretende Gruppenleiter, das ist nämlich einmal der Herr Schäfer, und diese Frau, ich kann ja mal die Namen, das ist dann jetzt hier der Herr Schäfer, der war mal stellvertretender Gruppenleiter, und die Frau Gudenau. Die Frau Gudenau, da

I.: Die Frau Gudenau, die war im Vertrag.

C.: Die war, genau, das waren mal ehemalige stellvertretende Gruppenleiter, so. Der Herr Goeke war auch stellvertretender Gruppenleiter, und ist es ja auch geblieben.

2.4 Struktur und Handlung, Deutung und Entscheidung

I.: Der ist es auch geblieben.
C.: So ist es, ne, so. Und jetzt hab' ich einfach diesen beiden Mitarbeitern gesagt, dass es mir schon schwergefallen ist, 'ne Entscheidung zu treffen, aber ich musste ihnen letztendlich schon signalisieren, dass ich der Meinung bin, dass der Herr Goeke besser ist wie die, wie diesen beiden. Und ich hab' das auch, ich sag' mal, dann vielleicht jetzt, sagen wir mal, natürlich schön verpackt, ne, ist klar, man muss das dann rhetorisch dann schon, nicht ganz so platt 'rüberbringen, aber, hab' das schon, schon eigentlich, in den Einzelgesprächen dann deutlich gemacht und hab' Ihnen letztendlich gesagt, arbeiten Sie mit dem Herrn Goeke zusammen, Sie werden merken, was er kann. Und das, das was ich jetzt Ihnen sage, dass ich also in der Auswahl des Herrn Goeke einfach davon ausgehe, dass er einfach das Stückchen mehr drauf hat, sag' ich mal so ganz platt jetzt ausgedrückt, das wird sich über das, über die Tagesarbeit herauskristallisieren. Und, ich sag' mal, diese an-, angehende oder erste Unzufriedenheit jetzt aufgrund meiner Entscheidung wird sich dadurch dann einfach in Luft auflösen, wenn der Mitarbeiter auch dazu bereit ist, das auch, sag' ich mal, objektiv mal, überhaupt zu beobachten, sag' ich mal, das ist natürlich wichtigste Voraussetzung. Aber z. B. die Frau Gudenau, die war eigentlich froh. Müssen Sie, müssen Sie sich vorstellen, die war, meine einzige Frau in der Führung, die war letztendlich froh, weil, letztendlich sie sagte, okay, so, so ganz so wohl fühlte sie sich nicht. Damals, in der, in der alten Gruppe, was letztendlich aber eigentlich einen Grund hatte, sie ist halt im Vertragsbereich die Expertin gewesen in der Gruppe und der Gruppenleiter war der Leistungsbereich-Experte, so, und jetzt, wenn der Leistungsbereich-Experte, Gruppenleiter, wenn der mal im Urlaub war und sie hatte jetzt dann die Gruppe zu führen, ja, sie konnte sich nicht einklinken in irgendein Thema Leistung, ja. Genauso war das natürlich bei dem Gruppenleiter auch, ne, andersrum, der hat zwar schon sich gewisse Grundlagen auch angeeignet, ne, in dem Vertragsbereich, aber letztendlich, sag' ich mal, wenn sie 'ne Entscheidung getroffen hatte, spezieller Natur, dann konnte er dann nur sagen, okay, ich vertraue Dir, das ist in Ordnung, ne. So, mehr konnte er dafür auch nicht tun. Aber, wie gesagt, aus dieser, ja, ungewohnten Rolle dann auch, und ich mein', es ist, es kommt auch viel zu selten vor, dass dann wirklich, sagen wir mal, der stellvertretende Gruppenleiter überhaupt, überhaupt mal Führungsaufgaben so, alleine wahrnimmt, weil ja doch eigentlich der Gruppenleiter bis auf die sechs Wochen im Jahr immer da ist, ne, und, und die, und die, sag' ich mal, gravierenden oder bedeutenden Entscheidungen, die werden sowieso von ihm getroffen. Ne, also, sicherlich in Abstimmung mit dem Stellvertreter oder mit Einwilligung des Stellvertreters, aber im Großen und Ganzen läuft es natürlich so, dass wenn ich gewisse personelle Dinge z. B. habe, ich dann auch nur mit dem Gruppenleiter spreche.

5. Auszug
I.: Woran knüpft sich das dann Ihrer Meinung nach? Glauben Sie, dass da die Tätigkeit, die jemand macht, 'ne Rolle spielt oder glauben Sie, dass das auch eher an, ja, Persönlichkeitsmerkmalen oder sowas liegt?
C.: Richtig. Also, da bin ich fest von überzeugt, dass es an, an den Persönlichkeitsmerkmalen liegt. Ich meine, sicherlich, ein, ein Faktor immer, Lernen, wie schnell setzt einer Neues um, ne, oder wie schnell ist er in der Lage, Fachliches zu verarbeiten, also auch, sag' ich mal so, die, die geistige Fähigkeit, ne, oder Flexibilität usw. Aber, das ist, von der Gewichtung her, sag' ich mal, ja, wenn ich's in Prozenten festlegen würde, macht das also, meine ich, nicht, 'n Drittel vielleicht aus, sag' ich mal so, ja. Viel wichtiger ist, wie kollegial ist der einzelne, ne, wie verhält er sich gegenüber den Mitarbeitern, und, ich sag' mal, wie letztendlich bringt er sich persönlich ein, ne. Wie hilfsbereit oder kollegial, gut, das gehört da so 'n bisschen mit dazu, aber, sagen wir mal, welche Signale gibt der halt an die Mitarbeiter ab, ja, in, indem er, indem er z. B. immer bereit ist, jemanden, ja, für Fragen da zu sein, ne, dass er also da nicht unwirsch reagiert und so, und kannst Du nicht selbst mal die Anweisung lesen und so, und dann, ne, und, und, diese Mitarbeiter, die sich in allen Dingen, sag' ich mal, so einbringen in die Gruppe, dass also alle merken, Mensch, der trägt zum Erfolg der Gruppe bei oder in erheblichem Maße zum Erfolg der Gruppe bei, ich glaube, dass dann über Jahre hin, wie Sie schon sagen, dann wächst da etwas, das also auch die Mitarbeiter, die dann auch wissen, sie sind nicht so gut, ich sag' mal, also so intelligent ist, ist jeder Mitarbeiter hier, dass er, dass er also selbst merkt, Mensch, der kann mehr. Ja. Der, der ist einfach in der Lage, was weiß ich, 'n stressiges Telefongespräch zu führen, ja, ohne hinterher, was weiß ich, erstmal 'ne halbe Stunde, Pause zu brauchen, jetzt muss ich erstmal 'ne Zigarette rauchen oder was weiß ich, um, um das Alles zu verkraften. Oder, jetzt geh' ich aber nachhause, jetzt habe ich die Schnauze voll, weil, das reicht mir jetzt, ne, so, ne, ich sag' mal, das merken ja, die Mitarbeiter auch, ne, im ganzen Alltag passiert das halt etliche Male, sag' ich mal, und daraus entwickelt sich dann diese natürliche Hierarchie. (...) Aber diese natürliche Hierarchie, das ist, wie bei den Tieren, sag' ich mal, das ist so, ja. Die Ethologie, dass so, ja auch, durch bestimmte Versuche ja nachweist, wie das, das war, ich hab' Biologie als Leistungsfach in der Schule gehabt und Ethologie war da, so eins, ein Halbjahr lang hatten wir das, fand ich also hochinteressant und, irgendwo, dieses Interesse auch an diesem Fach, ne, bringt man ja auch alles so 'n bisschen mit ein dann jetzt, ne, wenn man mehr oder weniger bin ja Personalchef, ich bin ja heute nicht mehr irgendwie da so fachlich in irgendetwas, ich muss, muss zwar schon fachlich auch eingebunden werden in, in Dinge, aber, letztendlich, sag' ich

mal, ist die Mitarbeiterführung das Eigentliche, was ich mache, ne. Und, da ist es schon wichtig, 'ne Antenne für gewisse Verhaltens-, -auffälligkeiten zu haben, sag' ich mal, bei Mitarbeitern und so, ne, und, da hilft's einem natürlich schon, wenn man auch da so 'n bisschen belesen ist in dieser, in dieser Richtung, ne, und weiß also da auch schon das eine oder andere richtig zu deuten. Und wenn ich da an die Schulzeit zurückdenke, das ist also, Kinder, Kleinstkinder, ne, die also noch wenig beeinflusst sind von allem, dass selbst in Kleinkindergruppen, sich gewisse Hierarchien ganz natürlich sich entwickeln, ist ja der Beweis dafür, dass das also letztendlich, nicht nur, in 'nem Rudel Löwe, Löwen, so ist, dass da irgendwo der Stärkste sich dann jetzt halt 'rauskristallisiert, ne, sondern, dass das also auch bei den Menschen so ist, dass da auch, halt anders wie bei den Tieren natürlich, aber, aber da auch, sich dann Hierarchien ergeben. Und die sind auch gut, ne. Das sind, die muss man dann auch entsprechend, sag' ich mal so, pflegen, dass man dann auch denen, die nur halt, weil sie von der Natur her gewisse Dinge mit-, mitgegeben bekommen, die der andere halt nicht hat, dass man dann aber auch als Führungskraft denen dann auch, zeigt, dass man das also auch entsprechend achtet und, und anrechnet und, ne, und auch fördert, ne, das ist ganz klar, das ist ganz, ganz wichtig, ne. (...) Ne, es gibt ja, es gibt ja immer Mitarbeiter, die gucken, was macht der andere, wie viel macht der andere und wie macht er das, mit welcher Qualität. Und dementsprechend passen sie sich an. Obwohl sie viel mehr könnten. Ja, die bringen also nicht ihre gesamte Leistungsfähigkeit, wie man da so sagt, ein, ne. und, ich mein', das ist nicht ganz leicht herauszufinden, aber, über, doch, Jahre, kann man das schon feststellen und den Mitarbeitern muss man dann auch 'n Gespräch führen, muss sagen, weil Du halt nun mal naturbedingt ein höheres Potential hast, bring' es doch ein, dann wirst Du auch gefördert, entsprechend, für weitergehende Aufgaben und mach' nicht hier einen, der da sich, hinter dem anderen versteckt, ne, und sagt, ich werd' mir doch hier nicht, ne, wenn der mit soundsoviel Anträgen gut wegkommt beim Vorgesetzten, dann mach' ich auch nicht mehr und hab' 'nen schönen Lenz, ne, so. Das ist auch unkollegial. Das sagen wir dann auch den Mitarbeitern. Ne, das ist unkollegial, weil, letztendlich lebt eine Stelle, eine Einheit, wie wir hier in der Zweigstelle, lebt ja letztendlich davon, dass es stärkere und schwächere hat, wie jeder und wie jede Firma. Ne, weil man hat ja nicht nur, nur Häuptlinge, man hat ja auch, hat auch noch Indianer, sag' ich mal so. Und das so, diese Gespräche, die führen dann die Gruppenleiter und dann schon mit den Mitarbeitern. Naja.

6. Auszug
C.: Es ist schon so, dass Frauen mit, mit den, mit der Tagesarbeit schon emotionaler umgehen. Das muss man so, so sagen. Emotionaler umgehen. Also, sie hängen mehr an so einem Vorgang, ne, und, und, ich sage mal, hän-, hängen länger an einem Vorgang, wenn es jetzt also irgendwie zu Schwierigkeiten kommt, ja. Dass man also in der Verarbeitung, dann, ich sag' mal, länger drüber nachdenkt, wenn jetzt z. B., ist 'n Fehler passiert, den man gemacht hat, oder, ist aber auch irgendwie, 'ne aufregende Sache gewesen, der Kunde hat einen, was weiß ich, bis zur Weißglut getrieben oder so, ja, das haken Männer schneller ab, sag' ich mal so, und, geh'n dann schnell zur Tagesordnung über, will ich mal, und Frauen, sind da dann doch, ja, hängen den Sachen mehr nach, was ja nicht unbedingt negativ ist, ne, sondern, das kann mal negativ, mal positiv sein. Mal negativ dann, wenn man dann, was weiß ich, wirklich dann, bis man dann zum nächsten Vorgang kommt, vergeht dann was weiß ich wie lange, ne, und, und, man braucht dann erstmal welche Zeit, um sich wieder zu konzentrieren auf die nächste Aufgabe, kann aber auch sein, dass sie aufgrund des Nachbereitens einer solchen Sache natürlich auch noch mal Schlussfolgerungen gezogen werden können, die dann zu anderen Ergebnissen führen oder zu Maßnahmen führen, die man dann einleitet, ne, also, ne, das würd' ich also nicht werten wollen, was da, was da besser ist, ne, vielleicht ist es, dann schwieriger, diese, diese, sag' ich mal, Ausgeglichenheit, wenn ich die mal so als ein, als ein wichtiger Bestandteil von Führungsaufgabe, ne, sehe, dass dann diese Ausgeglichenheit möglicherweise einer Frau schwieriger fällt. Ja, ich sag' das jetzt mal so, dass, dass also Frauen, es gibt ja sehr ausgeglichene Frauen, die also auch in, in, also, die hab' ich schon, schon kennen gelernt, die in schwierigen Situationen auch dann nicht irgendwie hektisch werden oder was, aber, das gibt's bei Männern genauso, naja, aber dass aufgrund dieser, ja, doch emotionaleren Art, an Themen zu arbeiten, zu hängen, möglicherweise es dann schwieriger fällt. [...] Ja. Ich mein', das, manches, manches nehmen sich auch Frauen mehr zu Herzen, sag' ich mal, wenn sie Fehler gemacht haben, als Männer, immer so jetzt, jetzt, im Groben, ja, also, jetzt, es gibt auch Männer, die sich da, die da so sind, ne. Wie gesagt, aber, wenn ich jetzt mal sage, so, zwischen Männern und Frauen, ist es dann bei Frauen häufiger der Fall. Aus meiner Erfahrung heraus.

7. Auszug
C.: Auch ob jetzt, sagen wir mal so, Konfliktgespräche, die man dann mal so hat, ne, wo man dann also, sagen wir mal, wo man ja mit Männern genauso wie mit Frauen (...) sind das halt die Frauen, wo ich einfach, wo ich da einfach anders, anders, rangehe, ne, wo, wo man auch eher mal Tränen sieht

2.4 Struktur und Handlung, Deutung und Entscheidung 45

als bei 'nem Mann, ne, in so 'ner Situation. Das ist einfach so, das sind einfach Erfahrungen, die man so macht, über die Jahre Führungs-, in Führungspositionen, die Frauen sind viel, viel mehr, sag' ich mal, fast mit dem Herzen dann dabei sind, ja, wenn sie irgendetwas vortragen als 'n Mann, der das 'n bisschen rationaler, wohl sieht, sag' ich mal so, ne. Also, ja. Und deswegen, sag' ich mal, deswegen bin ich also auch, das habe ich auch damals der Frau Reinhart so gesagt, dass ich da so, eigentlich, über die Situation bei der (Name der Versicherung), dass es so wenig Frauen in Führungspositionen gibt, eigentlich auch, ja, das Ganze negativ sehe und, und, dass da eigentlich was dran getan werden muss, aber ich da auch, sagen wir mal, diese Problematiken sehe, wie ich sie eben schon beschrieben habe, dass natürlich Frauen auch, gerne auch 'n Rolle übernehmen, wo sie sagen, naja, Beruf ist nicht alles, ne. Und da sollte man dann auch nicht, nicht irgendwo durch, sagen wir mal, sogar noch, durch noch Gespräche beeinflussen, Mensch, bleiben Sie bei mir, Sie sind so 'ne fähige Kraft und, ohne Sie, läuft der Laden nicht mehr oder was weiß ich, was man alles sagen könnte, ne, wenn man, um, um dann, einer Frau noch vielleicht richtig was auf den Weg mitzugeben, dass sie so schnell wie möglich ihr Kind irgendwo anders hingibt. Das halte ich halt für, halte ich nicht für gut, und deswegen vielleicht einfach, das Problem.

8. Auszug
C.: Der Herr Goeke, der, der jetzt also hier mein, mein Spitzenmann, sag' ich mal so, der, der nächsten Ebenen, der hatte schon mal mit dem Gedanken gespielt, ne, das Unternehmen zu wechseln, und, da haben da dann Gespräche stattgefunden, und, da, konnte man da eigentlich, er hätte auch 'n Fehler gemacht sicherlich, da in dieser Phase das Unternehmen zu wechseln, wo eigentlich er jetzt auf 'm Sprung steht, ich mein', den kann ich hier nicht lange halten, den Mann, weil er mit stellvertretender Gruppenleiterposition einfach unterfordert ist, ne. Und, so. Und da haben wir dann Gespräche geführt, habe ihm nochmal die Perspektiven genau aufgezeigt, die da sind, und, und, welche Möglichkeiten durch die Direktionsnähe auch da sind usw. Und da dann jetzt den Sprung in, ins kalte Wasser zu wagen und weiß gar nicht, welche Perspektiven da eigentlich sind. Ja, gut, das war also der einzige Fall, der jetzt, seit ich hier bin, überhaupt zur Disposition stand.

9. Auszug
Man hat ja nun mal auch stärkere und schwächere Mitarbeiter und das ist ja eigentlich auch, naja, was heißt, Grundzug, kann man jetzt nicht sagen, aber es ist halt nun mal so, das ist halt nun mal naturbedingt so vorgegeben. Wär' ja schlimm auch, wenn, wenn, ich mein', das wär' wahrscheinlich gar nicht, gar

nicht handlebar, wenn ich jetzt nur, Mitarbeiter hätte, die, sag' ich mal, 'n Kaliber wären wie jetzt ein Herr Goeke, ne, sozusagen, das wär' ja unmöglich, ne, wär' ja undenkbar, ne. Ich mein', das widerspricht unserer Gemeinschaft, insgesamt, unserer Gesellschaft insgesamt, und, also ist es klar. Nur, es ist, sagen wir mal, immer so die Idealvorstellung, das man sagt, man hat nur starke Mitarbeiter, man hat nur gute Mitarbeiter, aber unter 'm Strich hat man natürlich auch schwache, ganz klar. Ob die jetzt mal schwach werden, weil sie, was weiß ich, gesundheitliche Gebrechen bekommen, oder privat Probleme haben und, was weiß ich, mit den Gedanken halt nicht bei der Arbeit sind oder so, oder halt einfach, weil sie irgendwann an ihre Grenze stoßen, was man vorher nicht ah-, nicht, nicht erkennen konnte, das ist alles drin, und, ich denke mal, also das ist ja auch, etwas, was jetzt dem Erfolg nicht, nicht, der Stelle oder des Unternehmens an sich nicht hinderlich ist, weil ja, wenn das klappt, dass wirklich der eine dem anderen hilft, dann hab' ich ja, wenn ich die nämlich 120 Prozent bringe und den ausgleiche, der nur 80 Prozent bringt. Und dann sind wir nämlich bei den 100 Prozent, die ja als Ziel vorgegeben sind. Das klappt auch.

Herr Mühlenbrock

Jetzt hatten wir in dieser Zeit, ich sagte ja eben schon, es waren drei Mitarbeiter aus meiner Gruppe bis 1990, die als Stellvertreter fungiert haben, bis 1990, eine davon wurde abgelöst durch einen, während noch in, also, der hatte gerade bei mir bis 1990 die Lehre beendet und war also auch in meiner Gruppe, aber ein sehr, sehr fähiger Mitarbeiter, der inzwischen auch jetzt im Dezember seinen, Fachwirt hat er sowieso schon gehabt, Betriebswirt gemacht hat, der also auch, denke ich mal, in Frankfurt irgendwann seinen Horizont nicht vorfindet, also, der wird noch nach anderen Dingen streben. Fiel in der Zeit, wo also dann diese Mitarbeiterin auch ein Baby bekam und dann also, Elternurlaub sollte eigentlich länger sein über Jahre, aus finanziellen Gründen, okay, ist der abgekürzt worden, da war es also notwendig, also denn diese Stellvertretung zu ersetzen durch den Herrn Goeke und, so, so dass also, jetzt zunächst es ja auch darum ging, zwei stellvertretende Gruppenleiter in meine Gruppe zu in-, also eigentlich, wenn Sie so wollen, drei in meine Gruppe zu integrieren, um zu sagen, also, es kann ja nur einer Stellvertreter sein und zwei ist es, bei zweien geht's nicht mehr.
    Und diese Gespräche mussten gut vorbereitet sein und gut vorbereitet werden und das war natürlich Aufgabe vom Zweigstellenleiter, das ist aber auch, ich sag' einfach mal, es ist absolut kompli-, komplikationslos verlaufen, weil eine Dame, die also als Stellvertreterin tätig war, den Druck der Stellvertretung schon als unangenehm in den sechs Jahren empfunden hat, die also sich unwohl fühlte, wenn der Gruppenleiter, also, sie sich, wenn sie sich beweisen hätte können, müssen, in

2.4 Struktur und Handlung, Deutung und Entscheidung 47

der Urlaubszeit des Gruppenleiters, also sich eher unwohl gefühlt hat, fachlich okay, aber mit Personellem eigentlich wenig. Und die war also froh darüber, dass es so gelaufen ist. Obwohl sich das jetzt anhört, also gut, es werden auch keine finanziellen Abstriche gemacht, das ist klar. Das haben wir also nicht gemacht.

Und für den zweiten war es denn also so, dass ihm klar zu machen war, das war nämlich auch mein damaliger Vertreter, dass er es nicht würde, weil in der Zwischenzeit dieser, ich sag' mal, Überflieger, von dem ich gerade sprach, nun einfach nun da ist und der hat eine solche Ausstrahlung, also, wenn man jetzt nicht sagt, also, es sind so gestandene Hierarchien und wir machen das so, weil Du vorher auch schon mal zehn Jahre Stellvertreter warst, wenn man das mal über Bord wirft und sagt, jetzt gehen wir wirklich nach Fähigkeiten und Qualitäten vor, dann konnte er es nicht mehr sein. Und dieses Gespräch musste sehr gut vorbereitet werden und das ist aber, ich sag' mal, war so viel auch Einsicht da, weil auch dieser Mitarbeiter einfach einsehen musste, dass da jemand da war, der ihn einfach links und rechts überrundet hat und, und der brauchte, ich sag' mal, so vier, sechs Wochen, jetzt in der neuen Umgebung. Ich hab' sie auch bewusst zusammengesetzt, um jetzt nicht da irgendwo, ich hab' sie gegenüber gesetzt und hab' auch das begründet, erstmal, dass ich den zweiten also auch brauche, meinen ehemaligen Stellvertreter, den ich auch wertschätze, weil er fachlich viel drauf hat, viel Erfahrung hat, fachlich quantitativ, qualitativ sehr gut arbeitet, aber auch im, bei den Führungsbereichen, da die deutlichsten Unterschiede zwischen der einen und der anderen Person, dass der da sich also auch, er soll es einfach sehen, täglich erleben, wie der andere, wenn er da noch Restzweifel geha-, haben sollte, dass es vielleicht nicht richtig war, jetzt den anderen ihm vor die Nase zu setzen, dann sollte er sich selbst ein Bild davon machen.

So dass es also einen Gruppenleiter gab, der, den es zu überzeugen galt, dass er eben nicht mehr Gruppenleiter ist, er ist also als Stellvertreter dann in einer Leistungsgruppe tätig, und naja, der zweite war ja denn da, das war also mein Vertreter, wo ich eben schon sagte, dass war also dann ein sehr Guter und Junger, Dynamischer, hohe Auffassungsgabe, bringt alle Voraussetzungen mit für, für Führungsaufgaben, der hat denn also in der Gruppe von Herrn Schreiner die Stellvertretung, der Herr Lambert als Gruppenleiter, ehemaliger Gruppenleiter, eben Stellvertreter in der Gruppe von Herrn Eistermann jetzt ist. Da war also das Problem nicht so, dass da also einer ins zweite Glied zurück musste oder ins dritte, wenn man so will, das war mehr bei mir, weil, wie gesagt, drei waren da, die Dame hat also gar keine, ist, vom, von der ersten Stunde an wirklich, sag' ich einfach mal, mit der können Sie auch gerne ein Gespräch führen, das ist Frau Gudenau, und da war also nur der eine Kollege, der also langjährig und so, nach dem Alteinhergebrachten wäre es also sicherlich so gewesen, naja, also, er war immerhin noch so gut, dass er die Stellvertretung hätte ausfüllen können, aber, wenn man jetzt mal einfach sagt, also es muss, es musste ja ein Schnitt gemacht werden und jetzt müssen die Karten neu gemischt werden und dann muss man auch dann mal den unbequemeren Weg gehen und sagen, also, das ist der Fä-, Fähigere, und dem müssen wir halt dann auch diese Aufgabe anvertrauen, auf die Gefahr hin, dass wir in einem Jahr, in zwei Jahren dann sagen müssen, er ist nicht mehr in Frankfurt zu halten. Dann hab' ich 'ne neue Situation, weiß nicht, noch nicht, wie die dann zu lösen ist. Aber das muss man dann immer sehen. Dann den alten Stellvertreter in diese Aufgabe hineinzubringen, das weiß ich nicht, ob ich das, weil da sind gewisse, der fachliche Bereich ist das eine, und es muss also auch, Führungsverhalten muss dementsprechend sein, und da sind eben halt Mängel, so dass ich dann möglicherweise auch noch ganz andere Überlegungen anstellen muss. Aber so weit ist es noch nicht. Zunächst mal ist mein Stellvertreter, hat seinen Betriebswirt jetzt gerade gemacht, im Dezember, Januar, also ich sag' mal, jetzt hat er erstmal, jetzt muss er sich mal 'ne gewisse Zeit von den drei Jahren Stress erholen und, aber ich denke mal, dass da irgendwann der Ehrgeiz da ist, da mal neue Dinge anzugehen, neue Wege zu gehen. Ja.

Herr Goeke

1. Auszug
G.: Ich hab', also hier angefangen am 01.09.1987, hab' dann meine Ausbildung hier begonnen. Und bin dann im Januar 1990 übernommen worden, damals in die damalige Gruppe Bestandsverwaltung, auch von Herrn Mühlenbrock, und wir haben, sind dann im Juli 1990, wir waren früher noch auf der Berliner Straße in Frankfurt und sind dann irgendwie '90 hier hin gezogen und wir hatten kurz vorher umstrukturiert, glaube ich, war das 1990 oder war es später, ich glaube, es war das Jahr, ich kann mich nicht mehr genau erinnern, da sind jedenfalls was die, Gruppe Bestandsverwaltung, ja, aufgeteilt worden, auf die Leistungsgruppen, in Anführungsstrichen, wir hatten dann seinerzeit vier Gruppen, wo dann Rundumbearbeitung dringend gemacht werden sollte.
I.: Und das war dann genau die Zeit, in der Sie eingestiegen sind?
G.: Ja, also ich war nicht lange, ich glaube 'n halbes, dreiviertel Jahr war ich in der Gruppe von Herrn Mühlenbrock, und, dann kam die Umstrukturierung schon, da war schon 'n Drama, da wurden dann die Blätter rausgehängt, wer in welcher Gruppe sich wiederfindet. Ja, und dieses Jahr, mal haben wir es etwas eleganter gemacht, dass Herr Conrad es persönlich vorgestellt hat, das Konzept, aber damals war das wirklich so, da kamen dann auf dem Flur die Blätter und dann konnte man sich suchen, ach, da komm' ich hin, und so, na ja. Und dann ist ja der Versuch unternommen worden, rundum zu bearbeiten, was ja seinerzeit, sag ich mal, für die, die gerade aus der Ausbildung

2.4 Struktur und Handlung, Deutung und Entscheidung 49

'raus waren, nicht so das Problem war, weil die hatten ja beide Bereiche von der Pike auf gelernt, aber das merkte man relativ schnell, dass beide Themenbereiche immer komplexer wurden und so hat man dann nachher von einigen wenigen, die wirklich so rundum bearbeitet haben und auch springen konnten zwischen Leistung und Vertrag, die haben sich auch immer mehr auf einen Punkt zurückgezogen und das gipfelte ja jetzt wieder in der Umorganisation wieder in Vertragsbereich und Leistungsbereich, weil's einfach zu komplex war. Dann nach meiner Ausbildung hab' ich 'ne Fortbildung gemacht zum Versicherungsfachwirt, von 1990 bis 1993, und hab' dann von 1994 bis jetzt vor kurzem Studium zum Versicherungsbetriebwirt gemacht, alles nebenberuflich und bin halt jetzt, ich war, seit zwei Jahren bin, war ich stellvertretender Gruppenleiter in der Gruppe von Herrn Schreiner seinerzeit, und bin jetzt hier Stellvertreter, ja von Herrn Mühlenbrock geworden. Wobei das schon, war schon 'n komisches Gefühl. Ich hatte, ich hatte lange vor dieser Umstrukturierung, letztes Jahr Karneval, also Betriebsfeiern nutzt man ja gerne schon mal, um über Dinge zu sprechen, zu denen man sonst keine Gelegenheit hatte, und auf Grund, der Fehlerquoten, die wir hatten im Vertragsbereich, hab' ich eigentlich schon letztes Jahr Karneval gesagt, ich möchte wieder 'ne B-Gruppe in Anführungsstrichen und 'ne L-Gruppe und da tat, der Herr Mü-, der Herr Conrad tat es gleich ab, also nein, das kommt nicht in Frage, weil, das wär 'n Schritt zurück, aus seiner Sicht und, ja, wir haben dann bisschen argumentiert und dann kam ja dann, hat sich's ja doch relativ schnell von selbst gelöst, dann kam es so. Ja, und dann war natürlich so für mich Frage, sag' ich mal, wenn ich jetzt in die Gruppe Vertragsbereich komme, ich hatte eigentlich zu der Zeit den Gedanken, das Unternehmen zu verlassen, ich hatte mich auch beim anderen Unternehmen beworben, und die haben mir auch 'ne interessante Stelle angeboten und ich hab das dann aber gelassen, weil ich mich hier eigentlich so vom persönlichen Umfeld her sehr wohl fühle und, sag ich mal, weil ich selber auch noch Perspektiven gesehen habe, wo ich das Gefühl hatte, eines Tages kann man da vielleicht irgendwann mal was bewegen, und da ist mir dann auch die Zusage gemacht worden, dass ich Stellvertreter von Herrn Mühlenbrock werden sollte und das ist ja, sag ich mal, so 'n bisschen 'ne besondere Situation im Vergleich zu den anderen Gruppen, weil ich hab' da drei, wir haben drei ehemalige stellvertretende Gruppenleiter noch in der Gruppe sitzen und von diesen dreien haben mich zwei in meiner Ausbildung ausgebildet und deswegen war so 'n, so 'n bisschen mulmiges Gefühl am Anfang, aber dann hab' ich gedacht, das wird schon schiefgehen und ist auch schiefgegangen.

I.: Und wie haben Sie das dann gemacht, oder wie, wie ist das für Sie gewesen?

G.: Ja, also es war schon komisch, sag ich mal, weil ich hab' mich, ich hab' mich zwar darüber gefreut, dass man mir das Vertrauen da gezeigt hat, aber ich hab' so überlegt, ob das nicht Probleme geben kann, weil ist auch 'n Kollege dabei, der vom Menschlichen her, sag' ich mal, 'n bisschen schwieriger ist, aber ich hab' einfach gesagt, na ja, was willst du dir vorher den Kopf drüber zerbrechen, lass' es auf dich zukommen und wenn Probleme da sind, dann wird sich das schon irgendwie lösen lassen. Aber ich muss ehrlich sagen, ich war vom Start in dieser Gruppe positiv überrascht, weil überhaupt keine Probleme auf, so 'ne Akzeptanz hatte ich in der Gruppe, und da war ich doch angenehm überrascht, durch die Gedanken, die ich mir vorher gemacht hab', die sind alle nicht wahr geworden. Dann hat man ja doch, man denkt schon mal drüber nach, na ja, jetzt denkt da einer, jetzt hat der meinen Platz, wobei ich selber sagen muss, also ich bin nicht darauf erpicht irgendwo 'n Titel oder irgendwo 'ne Position zu haben, sondern, ist eigentlich, sag' ich mal, gewinnt das Team und nicht der Einzelne, ob ich da jetzt da stellvertretender, selbst wenn ich nicht stellvertretende Gruppenleiter geworden wäre, wäre das für mich nicht Ausschlag gewesen, ausschlaggebend gewesen, die [Versicherung] zu verlassen und zu einem anderen Unternehmen zu wechseln. Also darauf kommt's mir nicht an, sondern mir kommt's darauf an, dass mir meine Arbeit Spaß macht, dass das Umfeld stimmt und dass ich das Gefühl hab', irgendwo kann man was bewegen und es gibt Leute, die einem da zuhören. Das war für mich schon wichtig. Und deswegen hab' ich mir da im Nachhinein nicht mehr so viele Gedanken darüber gemacht, wie das passieren könnte, wie es laufen könnte in der Gruppe. Ich denke mal, wenn ich jetzt jemand gewesen wäre, der da sich vielleicht sogar noch 'ne Visitenkarte drucken lässt, stellvertretender Gruppenleiter, gibt's ja auch, und sich dann auch so benimmt in der Gruppe, der hätte Probleme gehabt, aber weil ich da nichts drum, persönlich überhaupt nichts drum gebe, ich seh' das, stellvertretender Gruppenleiter, was ist das, das ist jemand, der die Post aufteilt, wenn der Herr Mühlenbrock nicht da ist und großartig hat der nichts zu tun, es kommt, es, es ist viel wichtiger sag' ich mir, dass er sich wirklich in die Gruppe integriert und, sich da nicht versucht abzuheben von der Gruppe, dann stimmt was mit der Gruppenleitung für mich nicht, so 'n Sachbearbeiter, der ab und zu mal 'n paar andere Sachen erledigt, der vielleicht von der Gruppe anders gesehen wird, aber, ich hab' da keine Veranlassung mich da anders zu verhalten, nur weil ich vielleicht irgendwas anderes mache oder bin.

2.4 Struktur und Handlung, Deutung und Entscheidung 51

2. Auszug

G.: Aber das macht mir auch Spaß, wenn dann so 'n bisschen, so 'ne persönliche Beziehung dann auch da ist zu den Kunden und das ist ja manchmal bei der Masse gerade in Zeiten von Beitragsanpassung ist das nicht so einfach, weil da ist ja dann doch nur Hetzen durch die Vorgänge und möglichst noch alles erledigt kriegen.

I.: Ändert sich Ihre Arbeit dann sehr in solchen Spitzenzeiten?

G.: Also, phasenweise im Laufe eines Tages, ich sag' mal, manchmal erwisch' ich mich dabei, wie ich nur noch so, ich sag' mal, 08/15 über die Vorgänge hechel' und dann sag' ich aber jetzt, halt zurück, oder auch, dass ich selber das Gefühl habe, jetzt klingelt das Telefon schon wieder, dann muss ich mich schon manchmal dazu zwingen zu denken, Moment da ist 'n Kunde, der hat 'n Problem und da ist jetzt nicht einer der dich nerven will oder so ähnlich, fällt mir normalerweise nicht so schwer, aber wenn man dann, sag' ich mal, mit acht oder neun Leuten im Büro sitzt und jeder stöhnt, dann zieht man sich natürlich gegenseitig 'runter in der Stimmung. Aber, ich sag' mal, wenn man selber da sitzt und sich da in Anführungsstrichen vorbildlich verhält, dann merkt man auch, dass das auf die anderen Kollegen abfärbt. Aber das ist immer nur phasenweise im Laufe eines Tages, dass man da sagt, nicht schon wieder, aber wenn das dann vorbei ist, ist man auch froh. Jetzt grad' mit der flexiblen Arbeitszeit, heut' morgen war ich um halb elf schon hier.

3. Auszug

I.: Das heißt, gerade innerhalb der Gruppe ergänzen sich dann so die Fähigkeiten der Kollegen.

G.: Ja. Absolut, ich sag' mal, wir haben da so 'ne absolut bunte Truppe, da, der eine, der macht das gut, der andere macht das eben schlechter, aber das, das gleicht sich untereinander vollkommen aus. Ist ja auch immer, man sagt ja auch, wenn die Gruppe, wenn die das Niveau hat, und dann sind welche dabei, die hängen hier und 'n paar, die hängen eben da, und das muss sich untereinander ausgleichen.

I.: Hm, ist das immer so gewesen? In der Gruppe?

G.: Also es war schon mal besser.

I.: Inwiefern?

G.: Noch besser, sag' ich mal, als es heute ist, denn, wir hatten so bei uns in der Gruppe, wir waren die einzige Gruppe, die so viele Leute hatten, die sich in „B" auskannten, wir waren eigentlich zu viert. Wir hatten, wir waren in der Gruppe von Herrn Schreiner, da war die Frau Pietsch, Frau Hartung, Frau Scholz, und ich, zu viert waren, und da ging das untereinander, wir haben dann die Post aufgeteilt, und wenn dann einer fertig war, der ist dann gleich aufgesprungen, zum nächsten gelaufen, haste noch was für mich, oder aber, ich sag' mal, wir wa-, saßen in der ersten Etage, wenn man dann nochmal in die Kartei musste, in die vierte Etage, dann ging man 'rum, kann ich dir was aus der Kartei mitbringen, und das ist sowas, das hat sich hier noch gar nicht so entwickelt. Ich bin einmal rumgelaufen und hab' gesagt, hat noch jemand für mich was zu tun, da haben die mich groß angeguckt und haben gedacht, wie, hat der nichts mehr zu tun, und da kriegte ich auch die Vorgänge und dann kriegte ich aber auch wirklich, sag' ich mal, die hässlichen Vorgänge und da hab' ich mir dann überlegt, also ob du nächstes Mal den Mund aufmachst oder nach Hause gehst, dat musste dir aber auch nochmal überlegen. Und auch so, wenn man dann schon mal hier aufsteht und sagt, möchte jemand was aus der Kartei haben, da sind dann so 'n paar dabei, hm, nee, ich sag' jetzt nix, weil wenn ich jetzt wat sage, muss ich dem nächstes Mal ja auch wat mitbringen und so, also, da ist es noch nicht so weit mit der Kollegialität. Das war vorher, in der anderen Gruppe war das besser. Ich weiß nicht, woran das gelegen hat, aber wir haben uns untereinander so gut verstanden, also da hat wirklich einer für den anderen die Hand hingehalten und das ist hier noch nicht ganz so. Ich denke mal, dass sich das mit der Zeit noch entwickeln wird, wenn man selber das, wenn wir genug haben, die das vormachen würden, wir sind jetzt auch zu dritt aus der Gruppe hier reingekommen und wir machen's alle so, also jetzt nicht mehr so unbedingt, hat noch jemand was zu tun, aber dass wir sagen, kann ich von da was mitbringen oder kann ich da was für jemanden erledigen und so. Und die gucken dann schon immer auf und es fängt so langsam an, dass die anderen sagen, na gut, kann ich ja auch mal machen, wenn ich eh schon mal da bin, warum soll ich nicht für 'n Kollegen was mit erledigen. Aber das mit der Post abnehmen ist 'n bisschen ruhiger geworden. Wobei ich selber noch so 'n bisschen davor zurückschrecke, weil ich es dann, ehrlich gesagt, nicht einsehe, ich, ich warte ja manchmal auch nur darauf, dass jemand 'n Signal gibt, hilf mir, man sieht ja so, wenn man ja nur mal rumgeht oder die Leute so 'n Tag über bisschen beobachtet, also nicht, dass ich den ganzen Tag da sitze und denk', was macht der, aber es fällt mir auf, wenn jemand Probleme hat oder wenn jemand viel zu tun hat. Und dann will ich aber auch nicht immer derjenige sein, der dann hingeht und sagt, können wir dir helfen, sondern dann warte ich auch mal drauf, dass jemand sagt, hallo, bei mir geht's nicht mehr. Und manchmal mach' ich das dann, dass ich dann wirklich aufstehe und sage, wem kann ich helfen, und denk' dann, nun komm, melde dich, ich sehe, dass du Probleme hast, aber da kommt nichts und dann krieg' ich, weiß ich genau, der sitzt am Eingang von gestern und 'n anderer hat schon seine Post von heute angefangen und besitzt die Frechheit in Anführungsstrichen, mir den Rest seiner Vorgänge von heute zu machen

2.4 Struktur und Handlung, Deutung und Entscheidung 53

und das ist mir letztens so passiert, da sagte ich dann auch, hat noch jemand was zu tun für mich, da stand dann 'ne Kollegin auf, ja, hier, von mir kannste noch was haben, und ich hab' gedacht, ja mal gucken, weil ich hatte das nicht so genau mitbekommen, weil sie auch ganz hinten im Raum saß, wusste ich jetzt nicht, wie's bei der aussieht. Und dachte, na gut, und da nahm ich mir die Post so und legte die bei mir auf 'n Tisch und ging raus, ich weiß gar nicht, wo ich war, irgendwo im Haus unterwegs, Viertelstunde später komm ich zurück, ist die weg. Ich sag', wie die ist weg, und da sagten die, ja die ist nach Hause gegangen. Ich sage so, sag' ich, war morgens elf Uhr oder so, ich sage, ich nehm' der die Post ab und die geht nach Hause, ich sag', wie find ich das denn, weil ich wusste nämlich, dass, jemand anderes da in Post da fast versank. Ja, und da hab' ich mir auch so meinen Teil gedacht, vielleicht hätt' ich's ansprechen sollen, aber ich hab' gesagt, komm', nee.

I.: Haben Sie nicht?

G.: Nee, hab' ich nicht angesprochen, weil ich hab', ich hab' erst überlegt, ob ich was dazu sagen soll, weil in Ordnung find' ich's persönlich nicht, dass ich meine Post abdrücke und dann nach Hause geh'. Ich hätte genau so gut nach Hause gehen können, aber, ich hab' mich dann beherrscht, weil ich weiß, dass die Kollegin privat so 'n paar Probleme hat und auch, ja, hatte zu dem Zeitpunkt auch schon, und da hab' ich mir gesagt, na gut, es tut ihr auch ganz gut, wenn sie mal rauskommt und wenn sie sich vielleicht mal um den anderen Kram kümmern kann. Und ich hab' dann deswegen davor zurückgeschreckt. Wenn ich aber jetzt wüsste, also da ist keine Veranlassung, da würd' ich natürlich mir erstmal Gedanken drüber machen, zunächst, ist da 'ne Veranlassung. Die erste Reaktion war, um Gottes Willen, bin ich denn bescheuert, ich nehm' der die Post ab und die geht nach Hause, aber dann, pfff, ich mach's nie, dass ich direkt irgendwas sage oder irgendwie handel', sondern ich mach mir da erstmal meine Gedanken drüber, ich lass' das dann erstmal so sacken, ich schieb's völlig auf die Seite und abends fällt's mir dann irgendwann wieder ein, und dann ärgere ich mich wieder, dass ich's getan hab' und dann denk ich, und dann fang' ich aber an, darüber nachzudenken, dann denk' ich mir, warum hast du es vielleicht getan, ja, und dann fällt einem schon was dazu ein, wenn man sich die Mühe gibt, und ich sag' mal, wenn ich dann der Sache wirklich nachgehen wollte, dann müsste ich irgendwann mal 'n Kollegin oder Kollegen ansprechen und sagen, ist irgendwas. Weil, ich sag' mal, ich kenn' sie jahrelang und das sind keine, die da wirklich dann so da abdrücken und sagen, ätsch, ich geh jetzt aber dafür nach Hause oder so, also, deswegen, da müsste dann schon 'n Grund dahinterstecken, aber zunächst ist man natürlich erstmal erschüttert, ich sitz' da mit der Arbeit und die sitzt zu Hause. Ja, so ist das.

I.: Die gute, ja, Zusammenarbeit, von der Sie eben erzählt haben, und zwischen Ihnen vier Kollegen offensichtlich, das waren dann aber alles Bestandskollegen.
G.: Ja.
I.: Und das ging nicht quer?
G.: Nein.
I.: Über, äh, innerhalb der Gruppe, weil die anderen waren ja Leistungsbearbeiter und -bearbeiterinnen und das hat sich also nicht gemischt.
G.: Nein, nein, ich fand das auch im Nachhinein auch 'n bisschen traurig, dass wir nur zu dritt in die Gruppe hier rein gekommen sind, aber ich sag' hier, ich nenn's jetzt einfach mal so, eine Kollegin hat man mit der Pflegepflichtversicherung ausgebremst. Und die war auch sehr enttäuscht darüber. Sie wurde ursprünglich, äh, hat man ihr gesagt, sie soll „B" bearbeiten, also Vertragsbearbeitung, und, sie hat dann aber, weil sie ziemlich lange in Leistung ausgebildet wurde, hat sie nebenbei immer Leistung gemacht. Wenn wir nichts zu tun hatten, war sie die erste, die keine Post mehr gekriegt hat. Dann kam die Einführung der Pflegepflichtversicherung und da hat man, ist man dann an sie ran getreten und hat gesagt, ob sie sich dem Thema widmen möchte, sie hat dann in ihrem jugendlichen Leichtsinn ja gesagt, ja, und, äh, war dann eigentlich so aus „B" schon langsam raus. Wenn wirklich mal Not am Mann war und sie hatte Luft, dann hat sie uns noch geholfen, aber, ich sag' mal, da ist sie ausgebremst worden durch die Pflegepflichtversicherung und das find' ich dann auch schade, weil, sie fühlt sich eigentlich, sie hat sich in Leistung, in der Leistungsbearbeitung nie so wohl gefühlt und ich weiß auch, dass sie sich jetzt nicht wohl fühlt, wo sie sitzt und das tut mir dann immer leid, weil man selber auch nicht mehr so die, man verliert sich ja praktisch aus den Augen, sag' ich mal.

4. Auszug
G.: Ich merke schon, dass sich allgemein Frauen über ihre Fehler mehr ärgern als Männer. Also da, so den Eindruck hab' ich 'n bisschen. Ich mein', es gibt da Ausnahmen auch unter den Männern, wenn ich 'n Fehler mach', dann ärger' ich mich unheimlich darüber, der Herr Janzik genauso, der Herr Schäfer denkt, naja, war halt nix, aber so allgemein gesprochen denke ich, dass Frauen so Fehler, länger an Fehlern 'rumknabbern und sich auch wesentlich größere Mühe geben, die für die Zukunft zu verhindern. Aber so, sonst, also, liegt wahrscheinlich auch an dem Vorurteil, dass 'ne Frau mindestens doppelt so gut sein muss wie 'n Mann, um in 'ne vergleichbaren Position zu kommen. Wobei wir, sagt man ja häufig, ich seh' das eigentlich überhaupt nicht so, ich meine, ich bin ja jetzt auch noch in der Situation, dass ich eigentlich 'ner Frau mal ihre Stelle weggenommen hab', die Frau

2.4 Struktur und Handlung, Deutung und Entscheidung 55

Pietsch, die war ja mal stellvertretende Gruppenleiterin von Herrn Schreiner und dann bin ich das ja geworden, und der Herr Schreiner hat das ihr das gegenüber eigentlich begründet, dass sie nur noch, wie war das damals, als sie, als sie Mutter geworden ist, da hat er zu ihr, glaube ich, gesagt, also sie wollte danach halbtags kommen, und da hat er gesagt, also nee, 'n Vertreter, 'n Stellvertretung, die nur halbtags da ist, kann ich nicht gebrauchen, obwohl das in meinen Augen Quatsch ist, aber so hatte sie das, so hat er ihr das gesagt und zu mir kam er dann und sagte, also, ich tu' dann was für dich, so mit den Worten, mir war das am Anfang so 'n bisschen unangenehm, hab' ich gedacht, sieht ja toll aus, sie geht in 'n Mutterschutz und du setzt dich auf den Posten und die kommt zurück und du sitzt immer noch da. Und, ich weiß nicht, also, wo, was wollte ich denn jetzt sagen, ich war grad' dabei, Unterschied zwischen Männern und Frauen, ja? Warum die doppelt so gut sein muss, ich ...

I.: Ja, was Sie von diesem Spruch halten, wollten Sie erklären.

G.: Ja, richtig, richtig, richtig. Und ich weiß nicht, ich hab' mit ihr selber nie darüber gesprochen und irgendwie hab' ich immer das Gefühl gehabt, das wäre auch zwischen uns 'n Tabuthema gewesen, dass sie mal eigentlich meine Vorgesetzte war, aber, ich sag' mal, dass 'ne Frau doppelt so gut sein muss wie 'n Mann, ist Quatsch, selber ich, ich hab' selber damit keine Probleme gehabt, ich hab' natürlich Probleme, sag' ich mal, als Mann, wenn ich 'n Vorgesetzten habe, den ich praktisch nicht für kompetent halte oder den ich menschlich nicht für kompetent halte, andere zu führen, aber das liegt dann nicht daran, ob das Mann oder Frau ist, das ist mir dann völlig egal. Also den, der Spruch ist völliger Quatsch.

Frau Adler

I.: Und haben diese Gruppenleiter, dann gerade diejenigen, die dann eben ihren Posten verloren haben und wieder in die Gruppe zurückgegangen sind, haben die mit Ihnen dann darüber gesprochen (...) oder ist das dann alles eher so, da spricht man nicht so gerne drüber, wer weiß, wie's denen geht damit.

A.: Ja, also, ich sag' mal so, gerne drüber gesprochen hat man natürlich nicht. Bei uns in der Gruppe war eben jemand, der eben vom Stellvertreter zum Sachbearbeiter, umgepolt worden ist, aber, ich sag' mal, der, man konnte ihm das anmerken, aber der ist auch jemand, der ist dann irgendwie, der sagt da nicht viel zu, den konnte man dann drei Tage nicht ansprechen, weil er dann wirklich ziemlich stinkig war, ihm hat das auch alles nicht gepasst, und ich weiß, die stellvertretende Gruppenleiterin, das war dann sogar mal 'ne Frau, von nebenan, die, hat dann sogar überlegt, ob sie nicht sogar kündigen sollte und wechseln sollte, weil sie dann auch irgendwie meinte, es hätte ja so irgendwie ohne, also hätte sie, sie hätte hier eh keine Karrierechancen und sie wäre jetzt so lange dabei und wenn sie sich das jetzt nicht überlegen würde, dann würde sie auch nirgendwo anders mehr unterkommen, die hat wohl darüber nachgedacht, aber im Prinzip sind sie alle dann doch wie Herr Conrad das gewünscht hat umgezogen und sitzen da jetzt und sagen auch nichts mehr.

Frau Büchert

I.: Gibt's eigentlich auch so was wie 'nen absoluten Horror-Arbeitstag bei Ihnen, also so Tage, an denen einfach alles schief läuft
B.: Ja, das ist schon mal vorgekommen, aber ich könnt' jetzt noch nicht mal mehr sagen, ja, das war der und der Tag. Das ist z. B. ja, wenn man irgend 'nen Mist, sag' ich mal, auf 'm Platz hat, wo man nicht gut mit klar kommt, und sämtliche Anweisungen und so weiter schon gewälzt hat, und dann, was weiß ich nicht, ja, mit dem Gruppenleiter spricht und dann muss noch abgegeben werden nach Wiesbaden, dass die jetzt 'ne endgültige Entscheidung treffen, oder was weiß ich. Das ist halt unheimlich zeitraubend und wenn ich dann noch seh', ich hab' da noch so 'n Packen liegen, der auch noch bearbeitet werden muss und nehm' mir dann das nächste und da ist schon wieder irgend 'nen Mist dabei, und viel hängt auch noch davon ab, von den Telefonaten, werd' ich ständig gestört oder schellt's nur fünf, sechs Mal am Tag, und dann kommt's natürlich auch dran, darauf an, wen man da hat, ist derjenige freundlich und sachlich, oder brüllt der mich vielleicht auch an, weil ich irgendwas abgelehnt hab'. Also dann kann ich auch schon mal so'n bisschen knatschig werden.
I./B. parallel: (...)/(...) läuft aber auch alles schief.
B.: Ja, also, ich sag' mal, den Kunden gegenüber bin ich, bleib' ich eigentlich freundlich.
I.: Schafft man das?
B.: Joa, also, ich sag' mal, ich hab' das ganz gut im Griff dann. Dann, ich denk' mir dann vielleicht auch mal, also, dann sag' ich gar nichts, dann lass ich den reden, reden, oder, was er halt auch will, und dann sag' ich dann irgendwann halt auch mal, was ich dazu meine, und dann, ich sag' mal, zum Glück hab' ich, toi, toi, toi, nicht oft solche Gespräche. Aber, ich merk' dann auch selbst für mich, wie ich dann so rot anlaufe, wie mir dann so heiß wird und so, aber, ich bin nicht diejenige, die dann zurück brüllt, oder was weiß ich, die dann da auch irgendwie lauter wird am Telefon.

2.4 Struktur und Handlung, Deutung und Entscheidung 57

I.: Aber es ist anstrengend?
B.: Aber, es ist anstrengend und es nervt total. Aber, wenn man dann aufgelegt hat, dann ist man zwar im Moment erstmal froh, aber es folgt ja 'ne Weiterbearbeitung, ich muss da ja wahrscheinlich jetzt noch mal zu schreiben und was weiß ich, und das ist dann schon sehr ärgerlich. Und wenn das dann halt noch an so 'nem Tag passiert, wo sowieso schon Mist auf dem Platz hab', dann ist der ganze Tag erledigt, also, dann wird man dann auch am liebsten direkt nach Hause gehn [lacht], damit erst gar nichts weiteres noch kommen kann.
I.: Schaffen das eigentlich die anderen Kolleginnen im Schnitt auch, so freundlich zu bleiben am Telefon, ich stell' mir das schon sehr schwierig vor.
B.: Hmhm, also, bei manchen so, wo ich's mitkriege, da find' ich's das dann schon nicht mehr freundlich, was die sagen. Also, aber ist vielleicht auch Auffassungssache. Ich finde, es hängt auch viel so überhaupt vom Ton ab, ja, ab, den man anschlägt und es gibt Kollegen, und das hört sich einfach, sag' ich mal, frech an, wenn die sprechen, obwohl sie das vielleicht auch gar nicht so meinen.
I.: Sind da Männer und Frauen unterschiedlich?
B.: Würd' ich noch nicht mal sagen. Also, ich hab' sowohl männliche Kollegen, wo ich finde, die sind sehr, ja, frech ist vielleicht der richtige, der falsche Ausdruck. Selten direkt, vielleicht so 'n bisschen, unverständlich, oder also, dass sie nicht genug Verständnis empfunden, entgegenbringen, die halt direkt so schroff, nein, nein, nein, das ist aber so, so nach dem Motto. Da hab' ich sowohl männliche als auch weibliche Kollegen, also, da glaub' ich jetzt nicht, und da wird's genau so gut wei-, also, weibliche wie männliche Kollegen geben, die sich halt da irgendwie doch mit 'ner freundlicheren Art bemühen. Find' ich schon.

Frau Scholz

1. Auszug
I.: Vielleicht können Sie das noch mal 'n bisschen detaillierter nacherzählen, als Sie's vorhin gemacht hatten, haben, was eigentlich in Ihrer Arbeit sich verändert hat, über dieses Leistung, Bestand, so, wie einfach dieses Entwicklung gewesen ist mit dieser ganzen Umstrukturierung.
S.: Also, ich habe, ja, bis Mai '95 oder März '95 eigentlich nur „B" gemacht, dann ist der Leistungsteil Pflege dazugekommen, dadurch hat sich das schon im Prinzip reduziert. Ich konnte dann also quasi nicht mehr ganz nur den ganzen Bestand „B" betreuen, den ich vorher betreut habe. Dann, da kam a-

ber dann auch hinzu, dass die Kollegin, die vorher schwanger war, deren Teil ich ganz übernommen hab', zurückgekommen ist, so dass wir zu dritt waren und das sehr viel aufteilen konnten. Dass, wenn ich also mal gesagt hab', ich hab' Pflege so viel, ich kann „B" nichts machen, dann war's kein Problem, dass die anderen das gemacht haben. Oder dass ich, äh, weniger gekriegt habe. Also, das war kein Problem. Aber ich bin trotzdem immer drin geblieben und wir haben auch nicht aussortiert, was ich krieg' und was ich nicht krieg'. Also, ich hab' im Prinzip alles gekriegt, nur halt weniger. Ja, und dann, weil es war auch immer mein Wunsch, nie nur Pflege zu machen. Weil, es ist halt so, Pflege, das sind sehr alte Leute, sehr kranke Leute, man hört da von sehr vielen Schicksalen und, das, denke ich mal, oder können wir alle nicht so wahnsinnig gut verarbeiten. Und deswegen haben wir immer gesagt, wir möchten nebenher noch was anderes machen. Ja, und dann, das hab' ich dann auch so 'n ganzes Jahr lang so gemacht, bis halt diese Umstrukturierung jetzt, und da ist der „B"-, da ist „B" ganz weggefallen, dafür hab' ich 'n „L"-Bestand bekommen, den ich jetzt übernehme, oder übernommen habe und halt die Pflege weiterhin nebenbei. Also, der „B"-Teil, alles, was mit dem Vertrag zu tun hat ist im Prinzip ganz weggefallen. Früher hab' ich neben dem „B"-Teil noch „L" machen können, auch zwischendurch mal aushilfsweise, so dass ich im Prinzip ja alles, über alles was wusste. Das geht jetzt langsam weg. Also, ich sag' mal, noch hab' ich Kenntnisse in „B", ich weiß aber nicht, wie lange die so tief bleiben, weil ich halt gar nichts mehr mache, und das, denke ich, irgendwann verliert dann. Es ändert sich auch in dem Bereich 'n bisschen was, über die Änderungen werd' ich nicht mehr informiert und deshalb ist das schwierig. Das war sicher 'n Vorteil, dass man über alles bescheid wusste, so.

I.: Wie ist das jeweils gekommen, also wie kam's, dass Sie dann Pflegeversicherung gemacht dann haben?

S.: Das ist mir so angeboten worden von meinem Vorgesetzten. Man hat mich dann [Er hat mich halt] gefragt, er hätte gerne, dass ich das machen würde, ob ich's machen wollte und hab' da kurz drüber nachgedacht und hab' dann gesagt, ja, ich mach' das, weil ich da auch 'ne Chance gesehen hab', einfach wieder auch tiefer in den „L"-Bereich reinzurutschen und was Neues dazuzulernen, das fand' ich schon sehr interessant, ja, und dann ist es halt so gekommen. Das war relativ unbürokratisch, das ging dann von einem auf den anderen Tag quasi, das war im März und im April fing' ja die Pflege schon an. Ja und dann. [Pause]

2.4 Struktur und Handlung, Deutung und Entscheidung 59

2. Auszug
I.: Wenn es was gibt, was Sie stört bei der Arbeit, was könnte das dann sein?
S.: Also, oftmals gibt's jetzt im Pflegebereich Entscheidungen von der Zentrale, wo wir nicht so ganz mit einverstanden sind. Also, wie es jetzt z. B. im Februar passierte. Wir haben bisher immer das Pflegegeld immer selbst ausgezahlt von hier aus Anfang des Monats, haben dann im Prinzip an dem einen Tag sechzig gleiche Vorgänge gemacht, aber ich weiß nicht, ob Sie das wissen, dass wir auch nach Zeit berechnet werden. Im Prinzip müssen wir uns aufschreiben, wie viele Leistungsabrechnungen wir gemacht haben am Tag, wie viele Telefonate wir gemacht haben, und dafür ist 'ne gewisse Zeit festgesetzt. Pro Telefonat gibt's drei Minuten, für 'n normalen Leistungsantrag dreizehn Minuten und für 'n Pflegeleistungsantrag waren es halt zweiundzwanzig Minuten. Diese zweiundzwanzig Minuten waren im Prinzip am ersten des Monats erstmal geschenkt, weil das schneller ging als zweiundzwanzig Minuten. Aber wenn man mit 'nem Pflegebedürftigen telefoniert, wird man nie in drei Minuten fertig sein, so dass sich das über den Monat hinweg wieder ausgleicht, und es war auch einfach mal angenehm, an einem Tag im Monat dieses einfach nur auszuzahlen und mal Sachen zu machen einen Tag lang, wo, wo man nicht so sehr viel bei nachdenken musste. Das ist uns genommen worden. Das ist uns auf 'ne Art genommen worden, die wir nicht so toll fanden. Wir sind also freitags nach Hause gegangen und montags war die Arbeit weg. Und zwar hat man uns im Prinzip, das ging über den Computer, über Termineinträge und die Termine waren auf die Zentrale geschrieben montags. Und wir wussten davon offiziell nichts.
I.: Können Sie mir das nochmal 'n bisschen, da, da ich mir Ihre Arbeit noch nicht so hundertprozentig vorstellen kann, beschreiben?
S.: Ja. Es hieß dann, ab jetzt, also ab jetzt, ab zu dem Zeitpunkt, dass die Zentrale die Leistungsabrechnungen macht. (...) Im Prinzip wär's uns gar nicht so richtig aufgefallen. Wir haben nur zufällig in einige Termine geguckt und da haben wir gesehen, dass diese Termine jetzt auf Zentrale stehen. Und haben dann mal nachgefragt, was denn da passiert, und da hieß es, ja das wird jetzt von der Zentrale aus bearbeitet. Also wurde, wird jetzt momentan auch noch so ausgezahlt, wie wir's bisher ausgezahlt haben, soll aber irgendwann maschinalisiert werden im Rahmen der Rationalisierungsmaßnahme quasi. Darüber waren wir nicht besonders glücklich, dass das so gelaufen ist, also wenn man uns da vorher informiert hätte, hätten wir es fairer gefunden, zumal es auch kein besonders tolles Gefühl ist, wenn man einem, wenn einem die Arbeit abgenommen wird und man nicht weiß, mit welchen Konseqenzen. Und, da hab' ich mich furchtbar drüber aufgeregt, bin dann auch nach Hause ge-

fahren und hab' dann den Entschluss gefasst, den nächsten Tag in der Zentrale anzurufen und da zu sagen, dass ich das nicht in Ordnung finde und hab' denen das auch gesagt, zumal wir sehr viel Zeit und, ja, Arbeit investiert haben in diese Pflege. Wir haben's wirklich häufig mit nach Hause genommen, um da die Neuerungen zu lesen und solche Sachen. Und dann auf diese Art und Weise mit uns umzugehen, fand ich einfach nicht in Ordnung. Das hab' ich da zum Ausdruck gebracht, war natürlich nur 'n organisatorisches Problem, weil das Fax bei uns nicht angekommen ist oder weiß ich nicht wie, also 'ne Ausrede findet man da immer, gut, im letzten Ende konnte man da nichts dran ändern. Aber, man musste halt mal was machen, ne.

3. Auszug
S.: Also, ich muss sagen, das Betriebsklima lässt hier sehr nach. Ich bin hier vor sieben Jahren angefangen und, bin in 'n viel viel besseres Betriebsklima gestoßen als ich es jetzt hier erlebe. Und, ich muss auch sagen, das liegt momentan daran, dass Druck von oben war. Ich weiß nicht, ob es momentan Unternehmensstrategie ist, Motivation durch Druck auszuüben, also, ich halte es für besser, Mitarbeiter, ja, anders zu motivieren. Also ich denke, der zufriedene Mitarbeiter ist im Prinzip immer der motiviertere Mitarbeiter, da hab' ich momentan das Gefühl, als wär' das irgendwie in den oberen Etagen nicht angekommen oder man will es vielleicht auch gar nicht.
I.: Heißt von oben Wiesbaden oder von oben Zweigstellenleitung?
S.: Also ich glaube, dass es im Prinzip in Wiesbaden anfängt. Und, irgendwann bei der Zweigstellenleitung landet und das dann weitergegeben wird.
I.: Und glauben Sie, das ist so der Punkt, weshalb das Klima insgesamt schlechter wird,
S.: Ja.
I.: dass alle sich un-
S.: Also, ganz extrem war's jetzt halt, als es dies-, diese Geschichte mit der Tagfertigkeit gab. Da war's ganz extrem.
I.: Wie ist das eigentlich gewesen? Also, Sie kriegen irgendwann neue, das hab' ich in Wiesbaden schon gesehen, Qualitätsstandards, also, dann heißt es eben irgendwann mal, ich weiß gar nicht genau, was das wohl für 'n Zeitpunkt gewesen ist, Sie sollen jetzt bitte versuchen, dieses Vorfälle in, Geschäftsvorfälle in drei Tagen zu bearbeiten. Ist das 'ne schriftliche Anweisung gewesen, oder?
S.: Da kann ich mich gar nicht mehr dran erinnern. Also, ich weiß nur, dass es mal irgendwann, im Prinzip ist es, also mir nie bewusst gemacht worden, auch den anderen Kollegen nie richtig bewusst gemacht, weil da kann, ich bin im Prinzip immer Mitarbeiter gewesen, der schon relativ versucht hat, die Fälle schnell vom Tisch zu bekommen. Aber mir ist es nie bewusst ge-

2.4 Struktur und Handlung, Deutung und Entscheidung 61

worden, gewesen, dass es ein Muss ist, man hat das vor einigen Jahren mal in einer Kundenzeitschrift geschrieben und das versprochen, aber wir haben das im Prinzip nie richtig ernst genommen. Und es ist auch nicht so, dass Kunden anrufen und sagen, das hat jetzt lange gedauert. Und es war jetzt halt so, dass da so 'ne Revisionssache gewesen ist und die haben's geprüft, und wie ich empfinde, an sehr unfairen Tagen. Die haben's also gemacht am 31. Oktober, das war der Tag vor dem 1. November, da ist Feiertag, da gehn schon mal, das war 'n langes Wochenende, da geh'n einige Mitarbeiter gerne früher. Ja, und dann haben sie geprüft am 23. Dezember, 2., 3. und 4. Januar und den 6. Januar, wo ich sagen muss, das ist schlichtweg unfair. Weil zu Weihnachten, zwischen Weihnachten und Neujahr sind halt mehr Mitarbeiter im Urlaub und ich bin auch froh, wenn ich zwischen Weihnachten und Neujahr nicht so lange arbeiten muss, weil es ist halt 'ne gemütliche Zeit, wo man gerne mal zu Hause sitzt, auf der Couch sitzt und was Tee trinkt oder sonst irgendwie was macht (...), und da fand ich diese Aktion nicht so besonders fair. Und das wäre auch wahrscheinlich alles nicht so ganz schlimm gewesen, wenn nicht eine Zweigstelle da gewesen wäre, die immer gut ausgesehen hätte und alle anderen haben dann nachher total schlecht ausgesehen. Und, da ist halt immer 'n Vergleich gezogen worden, warum klappt das in der einen Zweigstelle und in der anderen nicht. Ja, und das ist dann also auch relativ strikt an die Mitarbeiter weitergegeben worden.

I.: In welcher Form?
S.: Ja, wir hatten Gruppenbesprechung, dann hatten wir 'ne Gruppenbesprechung, da sind uns die Zahlen präsentiert worden und es ist auch ganz klar gesagt worden, dass es so nicht mehr geht und, ja, und dann war danach noch 'ne Klausurtagung der ganzen Kundendienstleiter, das war aber erst, nachdem man uns das gesagt hat, wo ich es besser gefunden hätte abzuwarten, bis auch diese Klausurtagung vorbei ist, weil vielleicht hätte sich das auch einfach so regeln können, ohne dass man groß den Druck auf die Mitarbeiter ausübt, aber die ist dann wohl auch nicht so besonders toll gelaufen und es ist halt so, dass wir jetzt unheimlich drauf achten müssen, was wir alles wegarbeiten und wenn wir das nicht schaffen, müssen wir auch dann sofort sagen, ich brauche Hilfe, ich schaff' das jetzt nicht mehr tagfertig.

I.: Wozu führt das unter den Kolleginnen, so bei Ihnen selbst, und wie gehn die anderen damit um?
S.: Also, für mich ändert sich nicht viel, weil ich hab's früher auch geschafft. Ich hab' höchstens mal 'n einzelnen Vorgang länger liegen lassen, weil der kompliziert wurde, ich den Kunden anrufen musste oder sonst irgendwas. Also ich denke, dass es im Prinzip dazu führt, dass man nicht mehr bereit ist oder dass viele nicht mehr bereit sind, anderen Kollegen zu helfen. Weil, wenn ich selbst darauf bedacht sein muss, erstmal meine Sachen immer

wegzukriegen und ich sag' jetzt 'm Kollegen, ich nehm' jetzt meine, deine Sachen dir ab und da ist dann Schwieriges, was nicht so schnell zu bearbeiten ist, und ich komm' dann mit meinen eigenen auch in 'n Rückstand, glaube ich, sind viele nicht dazu bereit, einfach noch anderen zu helfen.
I.: Und dadurch leidet das Klima nochmal. (…)
S.: (…) Weil ich mir auch denke, man kann auch Tage finden, wenn man mal mitten im Mai oder so irgendwie prüft, wären die auch zu anderen Ergebnissen gekommen. Und es gibt keinen Kunden oder ich hab' keinen Kunden erlebt, der irgendwann am 12. Januar angerufen hat und gesagt hat, ich hab' jetzt schon Ende Dezember die Beleg geschickt, ich hab' mein Geld noch nicht. Das hab' ich nicht erlebt. Und jeder Kunde weiß das, dass es zwischen Weihnachten und Neujahr halt 'n bisschen lockerer zugeht.
I.: Haben Sie damit, wenn Sie solche Dinge erzählen, haben Sie auf der anderen Seite irgendwo das Gefühl, dass Ihre Arbeit auch honoriert wird, die Sie machen?
S.: Ja, Ende des Monats, wenn ich Geld kriege. Mit Lob wird spärlich umgegangen. Aber das ist nicht nur bei mir so, sondern allgemein so.
I.: Und, Aufstiegschancen?
S.: Keine. Ich hab's gerade jetzt mit dem Fachwirt erlebt, dass, weil ich bin, hab' gar nicht so jetzt die Intention gehabt hier, also ich wusste, dass ich hier im Haus nicht aufsteigen kann, aber es hat ja auch im Prinzip niemanden interessiert. Also, darüber war ich relativ enttäuscht. Wir waren also zu zweit, und normalerweise ist es halt so, dass man da noch 'n Strauß Blumen kriegt von der Unternehmensleitung und so, das ist also, wir haben im Mai die Prüfung gemacht, im Juli das Ergebnis gehabt und haben Ende Oktober den Strauß Blumen gekriegt und da war ich schon kurz davor, den gar nicht mehr anzunehmen, weil mir das einfach zu albern war. Darüber war ich wirklich enttäuscht. Weil, ich wäre auch nicht hingegangen und hätte gesagt, okay, nicht das, und ich möchte jetzt mehr Geld und, das hätte ich nicht gemacht, aber, na ja.

3 Perspektiven auf das Entscheiden

In diesem Kapitel wird der vorgestellte Beispielfall nun in drei großen Schritten analysiert. Im Zusammenhang mit der Darstellung des Beispielfalles wurde bereits betrachtet, was die Strukturen einer Organisation sind, was dort getan und wie gehandelt wird. Der Fokus wurde dabei auf den Verlauf des Reorganisationsprozesses in der Zweigstelle der Versicherung und auf die Aufgaben innerhalb des Versicherungsunternehmens gerichtet, denn das ist der konkrete Kontext der Entscheidung um die Besetzung der stellvertretenden Gruppenleitung. Auch die in den Prozess einbezogenen Akteure, die handelnden Personen wurden kurz skizziert. Bevor der Fall nun anschließend in drei theoretischen Lesarten „durchgespielt" wird, soll erörtert werden, was eigentlich Entscheidungen sind und worin genau der Prozess des Entscheidens besteht.

3.1 Entscheidungen in Organisationen

3.1.1 Zum Verständnis von Entscheidungen

Was für den Begriff der Organisation gilt, das gilt auch für den Begriff der Entscheidung: Es gibt keine einzige und allumfassende Definition. Je nachdem, in welchen theoretischen Rahmen man die Betrachtung des Phänomens „Entscheidung" einbettet, variiert das Verständnis von Entscheidungen zum Teil erheblich. Hier sollen zunächst drei zentrale Aspekte einer begrifflichen Festlegung angesprochen werden: was eine Entscheidung im Kern ausmacht, wer Entscheidungen trifft und ab wann eine Entscheidung eine Entscheidung ist.

Was ist eine Entscheidung?

Was eine Entscheidung ist, das ist alltagsweltlich so selbstverständlich wie es wissenschaftlich nicht ganz unkompliziert ist. Sicher ist, dass das Entscheiden ein wichtiges Phänomen der modernen Gesellschaft und ihrer Organisationen ist. Es hat aber auch etwas Zeitloses, wie das folgende Zitat zeigt:

„Seit einigen Jahren geistert ein Wort durchs Land, es heißt ‚Entscheider'. Eine Schönheit ist es nicht, das Wort, doch es klingt schneidig. Ein Entscheider ist ein Mensch, der sich entscheidet, und zwar schnell und gern. Dass die Entscheidungen des Entscheiders meistens falsch sind, tut dem Ansehen der Spezies keinen Schaden. Denn der Entscheider, das ist der Ausnahmemensch – und er wird deshalb zu Recht tief verehrt und hoch bezahlt. Der Normalmensch hingegen ist in der Regel ein Nichtentscheider, ein ewiger Zauderer und Zweifler. Seine Entscheidungsnot beginnt im Arbeitsleben, wo er zum Beispiel zwischen drei Menüvorschlägen aus der Kantine wählen soll, einer lockender als der andere. Und sie endet im Liebesleben, wo er, ganz gegen seine labile Natur, sich dauernd tapfer bekennen und entscheiden soll. Natürlich gibt es Leute, die auch auf diesem, dem schwierigsten Terrain nicht versagen. Der mythische Held Paris war so ein Entscheider, er wählte unter drei Göttinnen schnell und lässig die schönste. Die Folgen allerdings solcher Entscheidungsfreude sind bekannt: Massaker in Troja, Irrfahrten des Odysseus, Gemetzel im Haus der Atriden." (Das Streiflicht, Süddeutsche Zeitung vom 29.06.2007)

Diese Passage aus einem Zeitungsartikel ist nicht nur unterhaltend. Sie bündelt auch einige weit verbreitete Annahmen über das Entscheiden. Die erste übliche Annahme ist: Entscheiden ist gut. Jemand, der sich entscheiden kann, erfährt eher Anerkennung als jemand, der das nicht kann oder will. Die zweite lautet: Entscheiden ist nötig. Bei der Arbeit, beim Essen, in der Liebe, überall. Und eine dritte besagt: Entscheidungen sind zu bewerten, vor allem mit Blick auf die Folgen, mit denen die Entscheider/innen (und ihre Umwelt) leben müssen: Entscheidungen sind klug oder kurzsichtig, gut oder schlecht, richtig oder falsch. Wie die Folgen einer Entscheidung aussehen, das weiß man immer erst im Nachhinein. Umso härter sind die Anstrengungen, die wir unternehmen, um uns gegen die Gefahren von Fehlentscheidungen zu wappnen: Organisationen verteilen Entscheidungsbefugnisse an je kompetente Stellen, sie legen bis ins Detail Prozeduren fest, wer was unter welchen Umständen mit wessen Mitwirkung entscheiden darf, und auch einzelne Personen entwickeln eigene Verfahren: sie lesen Ratgeber, sie sprechen die Dinge mit anderen durch, sie machen Positiv- und Negativlisten – oder sitzen die Sache doch lieber aus.

Tatsache ist, dass wir uns permanent zu entscheiden haben – auch Nicht-Entscheiden ist eine Entscheidung. Die heutige Gesellschaft ist eine Multi-Options-Gesellschaft, eine Entscheidungsgesellschaft (Gross 1994, Schimank 2005). Das stimmt durchaus, wenn man bedenkt, dass die Menschen heute nicht mehr, wie in früheren Gesellschaftsformen, ein Leben führen, in dem sie von vornherein nur weniges selbst zu entscheiden haben (weil so vieles vorgeprägt ist durch Stände, Gilden, Zünfte, Familienstrukturen, klar begrenzte denkbare biographische Lebensverläufe) und in dem auch ihr alltägliches Leben in vorregulierten Bahnen verläuft. Sie haben vielmehr – ob sie wollen oder nicht – die Wahl. Gesellschaftliche Normen und Institutionen haben natürlich weiterhin

Einfluss auf die Lebensführung, aber ganz fraglos sind die Menschen heutzutage unablässig damit befasst, Entscheidungen zwischen verschiedenen Optionen zu treffen und sich die Verantwortung für diese Entscheidungen selbst zuzurechnen und von anderen zurechnen zu lassen. Das gilt erst recht für Entscheidungen in Organisationen.

Was genau aber ist eine Entscheidung? Die Antwort auf diese Frage scheint auf der Hand zu liegen: eine Auswahl zwischen Alternativen. Dieser Punkt, das sich Festlegen auf eine von mindestens zwei Möglichkeiten, ist eine der gängigsten Annahmen darüber, was eine Entscheidung ausmacht: Kopf oder Zahl. Eine weitere gängige Annahme stellt den Vorgang des Wollens und Überlegens der sich entscheidenden Person in den Vordergrund: Entscheiden heißt in dieser Sicht, vor einem Problem zu stehen, dies zu erkennen, und dann eine Phase der Überlegung einzulegen, in der verschiedene Optionen geprüft werden, von denen schließlich eine ausgewählt wird, die ausgeführt werden soll. Eine Entscheidung geht damit einer Handlung voraus, sie dient ihrer Vorbereitung, ist ein Entwurf. Die Handlung selbst ist die Ausführung einer Entscheidung. Damit wird die kognitive Leistung des handelnden und entscheidenden Subjekts betont: um Entscheiden zu können, muss man nachdenken. Und es wird eine zeitliche Eingrenzung vorgenommen: der Entscheidungsprozess ist ein kognitiver Prozess, der mit der Auswahl einer Alternative beendet ist.

Damit sind bereits verschiedene sozialwissenschaftliche Positionen angesprochen, die eint, dass sie das Entscheiden – insbesondere in modernen Gesellschaften, insbesondere in Organisationen – für eine ganz zentrale Form sozialen Handelns halten. James March beispielsweise, der bereits eingangs zitiert wurde, formuliert, „we have no choice but to choose" und entwickelt als Forschungsprogramm zu untersuchen, „wie Entscheidungen passieren" (exemplarisch: March 1994). Auch Niklas Luhmann (1984 u. ö.) betont, aus einer in manchem geradezu entgegen gesetzten Perspektive, die Zentralität von Entscheidungen. Er ist derjenige, der sich radikal von gängigen Vorstellungen davon, was Entscheidungen sind, distanziert hat: Entscheidungen bestehen nicht in der Wahl, sagt Luhmann, sondern dokumentieren sich an ihr; Organisationen bestehen aus Entscheidungen, die aneinander anschließen – und zwar unabhängig von einem handelnden Akteur. Nicht dessen Wille und Entschluss ist maßgeblich, sondern die Anschlussfähigkeit der Entscheidung an eine andere. Dem Entscheider werden Entscheidungen zwar im Nachhinein zugerechnet – aber das ist etwas anderes, als den Wahlakt selbst für die Entscheidung zu halten.[19] Uwe Schimank, der differenzierungs- und handlungstheoretische Annahmen verbindet, stellt als

---

19 Vgl. hierzu auch die Exkurse „Entscheidungen aus Emotion und Intuition" und „Entscheidungen aus Zufall, Entscheidungen als Reaktion auf Erwartungen".

maßgebliches Charakteristikum von Entscheidungen wiederum die beiden oben genannten Aspekte heraus:

„Für eine Entscheidung ist (.) erstens ein Sondieren des Alternativenspektrums konstitutiv – im Unterschied zum Verdrängen dieses Spektrums durch Traditionen, Routinen oder spontane Gefühle. Das zweite konstitutive Merkmal von Entscheidungen ist das Relativieren der gewählten Alternative im Hinblick auf die nicht gewählten Alternativen (…). Sich entscheiden bedeutet so, auf eine Kurzformel gebracht: Alternativen bedenkend zu handeln." (Schimank 2005: 49)

Diese Positionen werden später – in Verbindung mit einem weiteren zentralen Aspekt des Entscheidens: der Rationalität der Wahl – vertieft.[20]

Wer trifft Entscheidungen?

Zuvor soll noch ein anderer zentraler Aspekt angesprochen werden, nämlich die Frage danach, wer Entscheidungen trifft. In der hier eingeführten Sicht (einer vorwiegend akteur- bzw. handlungstheoretisch ansetzenden Perspektive) heißt das erst einmal: eine handelnde Person, ein Akteur, im Kontext von Organisationen also die Organisationsmitglieder oder, als korporativer Akteur, die Organisation selbst. In der Analyse von Organisation und Entscheidung wird meist das Management als Träger von Entscheidungen in den Blick genommen. Planung, Organisation, Steuerung, Führung, Entscheidung – das sind die Hauptaufgaben von Manager/innen, die sie nach eigenen Vorstellungen und Interessen, nach geltenden Regeln und innerhalb der organisatorischen Hierarchie treffen. In einer traditionellen Sicht auf Managemententscheidungen steht dann im Vordergrund, dass es die Manager sind, die zielgerichtet und geplant Entscheidungen treffen, während andere Akteure die getroffenen Entscheidungen umsetzen. Entschieden wird also a) „top-down" und b) nicht zufällig, sondern zielgerichtet und intentional.

Hinter dieser Vorstellung, dass der/die Manager/in zielgerichtet und mit klarem Verstand Entscheidungen trifft, die andere umsetzen –, steht ein Verständnis von Organisation, das die Trennung zwischen Kopf- und Handarbeit zwar längst nicht mehr so scharf fasst wie Frederick Taylor, das aber immer noch Bestand hat. Auf den oberen Ebenen der organisatorischen Hierarchie, davon geht man gemeinhin aus, sind dispositive Tätigkeiten und Entscheidungskompetenzen (im Sinn der Befähigung und der Befugnis, Manager/innen können und dürfen ent-

---

20 Für einen ersten Überblick zum Thema Entscheidungen (mehr oder weniger im Bezug auf Organisation) kann man beispielsweise heranziehen: Kirsch (1977, 1998), Luhmann (1984, 1993, 2005), March (1994), Miller et al. (1996), Pritzlaff (2006), Scherzberg (2006), Schimank (2005), Wilz (2009), Witte (1977).

scheiden) angesiedelt, während auf den unteren Ebenen die ausführenden Tätigkeiten zu finden sind, also das in gegebenen Bahnen verlaufende Tun der dem Management unterstellten Organisationsmitglieder. Dieses Verständnis von Organisationen ist aber durchaus im Wandel begriffen, und zwar theoretisch und empirisch. Anforderungen, Aufgaben und Tätigkeiten, die ursprünglich dem Management vorbehalten waren, nehmen zu und verbreitern sich. Das gilt für bestimmte Personengruppen in Organisationen (Experten, Professionelle), aber auch für bestimmte Formen der Strukturierung von Arbeit, Organisation und Produktion (Dezentralisierung, Profit-Center, autonome Gruppenarbeit usw.), und es gilt für bestimmte Dimensionen des Organisierens, denen in modernen Gesellschaften immer größere Bedeutung zukommt (Kommunikation, Lernen, Wissen). Mit zunehmender Subjektivierung der Arbeit, um dieses Stichwort der Diskussionen um „neue" Verbindungen von Organisation und Organisationsmitgliedern aufzugreifen, laufen Denken und Tun auch auf den nachgeordneten Ebenen der betrieblichen Hierarchie immer mehr ineinander.[21]

Die Sicht auf das Entscheiden von Managern in Organisationen wird also in zweierlei Sicht erweitert. Zum einen wird betont, dass an organisatorischen Entscheidungsprozessen immer mehr und unterschiedliche Akteure beteiligt sind und dass es in Organisationen vor allem darauf ankommt, dass Entscheidungen umgesetzt werden – dass also gehandelt wird. Dabei sind die anderen, dem Management unterstellten, Organisationsmitglieder unabdingbar. Zum zweiten werden die Zielgerichtetheit und Rationalität von Management- und/oder Entscheidungsprozessen in Zweifel gezogen (vgl. hierzu Abschnitt 3.2.2 und die beiden kleinen Exkurse). Überdies wäre bei genauerer Betrachtung von Managemententscheidungen zu unterscheiden, um welche Manager es sich handelt. Die Unterschiede zwischen Topmanagement, mittlerem und unterem Management sind in mehrer Hinsicht beträchtlich: Manager sind je nach ihrer Positionierung im organisatorischen Gefüge unterschiedlich eingebunden in Rahmen, Regeln und Praktiken und es ist ein wichtiger Forschungsgegenstand, sich diese Unterschiede genauer anzusehen. Für die Analyse des hier betrachteten Beispielfalls ist das auch durchaus relevant: es werden nicht die strategischen Entscheidungen des Topmanagements untersucht, sondern die – mehr oder weniger strategischen oder operativen – des Leiters einer Zweigstelle, der dem mittleren Management zuzuordnen ist. Wichtiger noch ist aber die Feststellung, dass es nicht allein die Manager sind, die Entscheidungen treffen und tragen. Vielmehr sind alle Akteu-

---

21 Zum Wandel organisatorischer Strukturen und Prozesse mit Blick auf Organisationsformen, Führungskräfte und die Subjektivierung von Arbeit vgl. beispielsweise Deutschmann/Faust/-Jauch/Notz (1995), Hofbauer (1993), Kotthoff (1998), Kotthoff/Wagner (2008), Moldaschl (2003), Schönberger/Springer (2003); zum Management Kieser (1994, 1998), Schreyögg (1991, 2000) und Steinmann/Schreyögg (1997).

re in Organisationen potentielle Entscheidungsträger und Beteiligte in Entscheidungsprozessen. Das gilt für Entscheidungen, die jedes Organisationsmitglied in seinem oder ihrem „Nahraum" trifft (also Entscheidungen über die Begleitung zum Mittagstisch, über die Reihenfolge der Bearbeitung von Aufgaben, über die Einhaltung von üblichen Vorgehensweisen bei der Verteilung der Arbeit usw.), aber auch für Entscheidungen, die zwar nicht in seinen/ihren Kompetenzbereich fallen, an denen es aber in irgendeiner Form beteiligt ist (als Koalitionspartnerin, als stummer Kritiker, als offener oder heimlicher Gegner usw.).

Ab wann ist eine Entscheidung eine Entscheidung?

Die letzte Etappe der begrifflichen Vorüberlegungen befasst sich noch einmal mit der Frage, was eine Entscheidung ausmacht und wie sie von anderen Formen des Denkens, Handelns und Tuns abzugrenzen ist. Wann eine Entscheidung als Entscheidung bezeichnet werden kann, das ist zunächst eine Frage der Definition mit Blick darauf, was der inhaltliche Kern des Entscheidens ist: die Orientierung an Erwartungen, die Auswahl einer Alternative und/oder die Rationalität oder zumindest Bewusstheit des Vorgangs. Wenn man eine Vorentscheidung getroffen hat und das Entscheiden als Form des Handelns und der Wahl begreift, dann wird rasch ein Problem deutlich: nämlich das, wie das Entscheiden vom Handeln abzugrenzen ist. Jede Handlung, so kann man argumentieren, besteht darin, aus einer Reihe von Handlungsmöglichkeiten eine herauszugreifen und auszuführen. Das Entscheiden muss also, um sich vom „normalen" Handeln abzuheben, durch etwas Besonderes gekennzeichnet sein. Dafür gibt es in der bisher geführten Diskussion zwei mögliche Abgrenzungskriterien.

Ein erstes Unterscheidungsmerkmal kann die Bewusstheit des Vorgangs sein. Eine Handlung, die unbewusst oder immer wieder gleich ausgeführt wird, die routinisiert oder habitualisiert ist, auch eine Entscheidung, die jeden Tag immer wieder gleich getroffen wird, ist, so kann man argumentieren, keine Entscheidung mehr. Die Frage, um bei einem eingeführten Beispiel zu bleiben, ob morgens Honig, Sirup oder Marmelade auf's Toastbrot kommt, ist nur in der Interaktion mit einem Kindergartenkind ein echtes Thema. In allen anderen Fällen gibt es Standard-Entscheidungen, die aus Zeit- und anderen Gründen die Fülle an anstehenden (Alltags-)Entscheidungen begrenzen sollen: Weil feststeht, wie es immer gemacht wird, braucht nicht mehr entschieden zu werden; man kann nicht jede Handlung täglich aufs Neue durch eine Entscheidung vorbereiten, sondern es gibt eingespielte Routinen: Ich weiß, dass ich morgens Kaffee trinke und brauche mich daher nicht jeden Tag auf's Neue zu fragen, ob es nicht doch lieber Tee sein soll – eine solche Entscheidung zwischen verschiedenen Möglichkeiten wird erst in außergewöhnlichen Situationen (sagen wir, im Campingurlaub) oder in Krisenfällen wieder akut. In Organisationen werden solche Handlungsroutinen zu Verfahren, die festlegen, wie in welchen Fällen vorzugehen ist. Viele Entscheidungen werden entsprechend überhaupt nicht als solche thematisiert, und die einzelnen Elemente des Entscheidungsprozesses, zum Beispiel die Frage danach, welche Kriterien herangezogen und wie sie bewertet wurden, erlangen nur in Konfliktsituationen ausdrückliche Bedeutung.

Das zweite Unterscheidungsmerkmal bezieht sich auf den Stellenwert und die Folgen einer Entscheidung. Damit eine Entscheidung über das Routinemäßige hinausragt, muss sie nicht nur bewusst, nach dem Abwägen von Alternativen (und nicht mehr oder weniger automatisch) getroffen werden. Sie muss auch aus dem alltäglichen Fluss von Problemen, Anforderungen und Verrichtungen herausragen. Alternativen, so kann man argumentieren, bedenkt man nur dann, wenn es wirklich etwas zu entscheiden gibt, wenn man sich wegen der Wichtigkeit einer Sache tatsächlich Gedanken macht, wenn die Folgen der Entscheidung nicht klar abzusehen sind und wenn sie die Zukunft maßgeblich beeinflussen.[22] Damit Entscheidungen Entscheidungen sind, muss zwischen Alternativen gewählt werden – das ist aber nur dann der Fall, das betont Schimank (2005, 2009), wenn Entscheidungen wichtig sind und sich mit einem einigermaßen komplexen Problem befassen. All die kleinen Alltagsentscheidungen in und außerhalb von Organisationen sind in dieser Perspektive als routinisierte Handlungen zu werten. Eine Entscheidung – also die mehr oder weniger gründlich überlegte Auswahl aus alternativen Möglichkeiten, die größere Folgen hat und in Zeit und Raum weiter ausgreift – ist entsprechend ein eher seltener Spezialfall des Handelns.[23]

---

22 Damit sind zwei weitere Charakteristika von Entscheidungen benannt: Sie geschehen nur unter Unsicherheit (wenn man sicher ist, was geschehen wird, braucht man nicht zu entscheiden), und sie beziehen sich immer auf die Zukunft (vgl. hierzu beispielsweise Schimank 2005). Diese beiden grundlegenden Aspekte des Entscheidens werden hier nicht weiter diskutiert, sondern vorausgesetzt.
23 In den abschließenden Überlegungen (Kap. 4) werden diese Elemente der Definition von Entscheidungen wieder aufgegriffen und es wird angesprochen, ob sie nicht verändert oder ergänzt werden müssen. Zu bedenken ist beispielsweise: Wenn man davon ausgeht, dass der Kern einer Entscheidung in einer Auswahl von Alternativen besteht, dann ist auch eine all- und tagtägliche ‚Routineentscheidung' kein Widerspruch in sich, sondern eine Entscheidung. Oder: Wenn man die Wichtigkeit und Komplexität des Entscheidungsproblems als Kriterium hinzuzieht, dann muss – von wem, nach welchen Kriterien? – jeweils festgelegt werden, ab welchem Punkt auf einer Skala von „wichtig, komplex, folgenreich" und „unwichtig, übersichtlich, kann jederzeit geändert werden" etwas wichtig und folgenreich genug ist, um Gegenstand einer Entscheidung zu sein. Darüber hinaus müsste auch festgelegt werden können, ab welchem – zeitlichen und inhaltlichen – Punkt ein entscheidende Person zu reflektieren beginnt.

Was heißt das für das Fallbeispiel?

Für den zu Beginn von Kapitel 2 skizzierten Beispielfall kann bis hierhin also schon einmal Folgendes festgehalten werden: Wenn in der Zweigstelle des Versicherungsunternehmens eine Entscheidung gefallen ist, die diesen Namen verdient, dann muss erstens jemand Befugtes (vermutlich, aber nicht sicher, der Zweigstellenleiter Herr Conrad) die einzelnen Entscheidungen um die Besetzung der stellvertretenden Gruppenleitung getroffen haben, und zwar unter (aktivem oder passivem) Einbezug anderer Akteure. Die oben beschriebenen Umbesetzungen können nicht einfach so passiert sein, und es ist im gegebenen organisatorischen Kontext auch nicht denkbar, dass die Betroffenen ihre Umsetzung selbst vorgenommen haben. Die entscheidende Person muss zweitens faktisch Alternativen gehabt haben (das dürfte, da wir von einem Spektrum an Kandidaten und Kandidatinnen wissen, der Fall gewesen sein); sie muss diese Alternativen gekannt und diese irgendwie gegeneinander abgewogen haben. Dann muss sie drittens eine Auswahl getroffen haben, und zwar aktiv, bewusst und überlegt – sie muss gute Gründe gehabt haben und diese müsste sie auf Rückfrage benennen können. Schließlich wäre die Entscheidung kommuniziert und umgesetzt worden.

Die Entscheidung wäre keine Entscheidung gewesen, wenn es einen solchen reflexiven Bezug auf die Alternativen nicht gegeben hätte – wenn beispielsweise im Fall des Versicherungsunternehmens beim Abbau von Führungspositionen immer zuerst die Frauen zurückgestuft würden und dann nach Seniorität (der Dauer der Betriebszugehörigkeit beziehungsweise der Dauer des Innehabens der Position) entschieden sowie die Bedingung beachtet würde, dass exzellente Aufsteiger immer zuerst befördert und niemals degradiert werden. Wenn es solche Verfahrensleitlinien gegeben hätte (unabhängig davon, ob sie explizit formuliert gewesen oder stillschweigend beachtet worden wären), die verlässlich und regelmäßig angewandt worden wären, dann hätte es im vorliegenden Fall nichts zu entscheiden gegeben – die Alternativen wären keine echten Alternativen gewesen, das Handeln im Fall von notwendigen Umbesetzungen wäre vollkommen routinisiert gewesen, weil feststand, wie zu verfahren sei. Die Entscheidung wäre auch nicht als solche erkennbar, wenn sie aus dem Affekt heraus getroffen worden wäre. Hätte Herr Conrad nicht seine eigenen Interessen – und die der Organisation – überdacht und die Alternativen in diesem Sinne vernünftig abgewogen, sondern aus einem Zustand der Wut, der Angst, der Enttäuschung oder der Verliebtheit heraus entschieden, dann wäre das zwar immer noch eine Wahl gewesen, aber jedenfalls keine rationale, und auch keine „organisierte".

Exkurs: Entscheidungen aus Emotion und Intuition

Dass Affekte, Gefühle und „Eingebungen" im Entscheidung-Treffen eine wichtige Rolle spielen, ist vor allem außerhalb der soziologischen Entscheidungsforschung ein wichtiges Thema. Es ist Gegenstand der Bio-, Neuro-, und Verhaltenswissenschaften – bis hin zur Diskussion darum, dass nicht „wir" entscheiden, sondern unser Bauch (vgl. hierzu zum Beispiel Reichertz/Zaboura 2006, Roth 2007). Innerhalb der Soziologie und der Organisationsforschung wird das Thema Emotion, Intuition und Entscheidung unterschiedlich bearbeitet. Das Vorhandensein von Emotionen wird entweder in einen bestehenden theoretischen Rahmen eingebaut; so zum Beispiel Schnabel (2005) und Weihrich (2002), die beide herausarbeiten, dass auch Gefühle ein Element rationalen Handelns und Entscheidens sind. Oder Gefühle und Intuitionen werden als dem Entscheiden entgegengesetzt betrachtet: Entscheidungen aus dem Affekt, so zum Beispiel Schimank (2005), sind keine Entscheidungen, weil Gefühle wie Wut oder Angst den Möglichkeitsspielraum von vornherein so weit verengen, dass nicht mehr entschieden zu werden braucht (schon gar nicht überlegt). Esser (1990, 1996, 1999 u.ö.) argumentiert ähnlich; er unterscheidet in seiner Werterwartungstheorie des Handelns zwischen zwei Modi der Selektion von „Frames" (gedankliche Modelle, Deutungsmuster), die zur Festlegung eines Handlungsrahmens führen: Ein Akteur definiert die Situation, in der er/sie sich zwischen mehreren Möglichkeiten der Handlungswahl zu entscheiden hat, entweder bewusst und überlegt („reflexiv-kalkuliert") oder aber unbewusst und unüberlegt („automatisch-spontan") Die unbewusste Handlungswahl stellt den Normalfall des alltäglichen Handelns dar – man erkennt eine Situation und braucht nicht zu abzuwägen und zu entscheiden, wie man jetzt handeln will. Auch in einer weiteren Perspektive auf das Entscheiden wird dieser Anteil des unbewussten, automatisierten Handelns und Entscheidens stark akzentuiert: In der Perspektive des „Naturalistic Decision Making" wird hervorgehoben, dass Entscheidungen, insbesondere in Hochrisiko-Situationen, in dem Moment fallen, in dem eine Person die Situation in Bruchteilen von Sekunden wahrgenommen und typisiert hat, und damit „automatisch" weiß, was zu tun ist (vgl. Klatetzki 2006, Klein 1997, Lipshitz et al. 2001 oder Weick/Sutcliffe 2003). Das kann man auch als intuitives Handeln bezeichnen.

Zu bedenken ist an dieser Stelle zum Beispiel Folgendes: Wenn man davon ausgeht, dass Emotionen und/oder Intuitionen so „stark" sind, dass sie Kognitionen und Reflexionen überlagern, dann bedarf die Entscheidung selbst in der Tat keiner Überlegung und keiner bewussten Wahl. Das Moment des „Alternativen bedenkenden Handelns" wird damit zum Verschwinden gebracht. Wichtig ist und bleibt auch dann, dass eine Entscheidung in der Auswahl einer Alternative besteht und einem Entscheider zugerechnet werden kann (und wohl auch muss). Wenn man davon ausgeht, dass sowohl gefühlsgeleitetes als auch gedanklich geleitetes Entscheiden möglich ist, dann hat man mit einer weiteren „Schleife" der Begriffsbestimmung zu tun: Müsste man dann nicht verschiedene Modi des Entscheidens unterscheiden, einen Modus des gedanklichen und einen des affektuellen beziehungsweise intuitiven Entscheidens, deren Verhältnis zueinander jeweils zu bestimmen wäre? Dann könnte man von Entscheidungen im Modus der Überlegung und von Entscheidungen im Modus der spontanen Aktivität sprechen – und müsste letztlich annehmen, dass einer Entscheidung immer die Entscheidung darüber vorausgeht, ob sie kognitiv oder intuitiv getroffen werden soll, und zwar als bewusste – oder unbewusste? – Aktivität des Akteurs. Und darüber hinaus und sehr grundsätzlich wäre zu fragen: Wird der Begriff von Emotion verengt und verändert, wenn er nicht mehr als etwas Irrationales, also dem Rationalen entgegen gesetztes, sondern als eine Motivation mit eigener Rationalität verstanden wird? Wird der Begriff des Entscheidens nicht zu weit gefasst, wenn auch eine rein gefühlsmäßige, völlig spontane oder total unbewusste Auswahl aus Alternativen als Entscheidung gilt?

3.1.2 Elemente von Entscheidungsprozessen

In einer ersten Näherung könnte man also erst einmal Folgendes als das Typische von Entscheidungen festhalten: Sie werden von einem Akteur aktiv und bewusst getroffen. Sie bestehen darin, dass ein Akteur aus einer gewissen Anzahl von Möglichkeiten eine auswählt und diesen Vorgang vor sich selbst und anderen begründen und rechtfertigen kann. Das bedeutet, dass es sich selbst dann, wenn eine Entscheidung sehr schnell getroffen wird oder „wie aus einem Guss" zu sein scheint, immer um einen Entscheidungs*prozess* handelt, der sich in mehrere einzelne Elemente zerlegen lässt.

Einen idealtypischen Verlauf eines Entscheidungsprozesses kann man sich in etwa so vorstellen: An erster Stelle steht, sonst brauchte ja keine Entscheidung getroffen zu werden, dass ein gegebener Akteur in einer Situation ein Problem sieht. Er oder sie muss eine Motivation haben, sich zu dieser Situation zu verhalten. Er muss aktiv den Sachverhalt (was ist das Problem?) und die Situation, in der er sich befindet, definieren (wie ist die Lage?). Er/Sie wird dann konkretisieren, worin genau das Entscheidungsproblem besteht, was seine Interessen und Ziele sind. Darüber hinaus wird er bedenken, wo seine Grenzen liegen, an welcher Stelle seine Möglichkeiten beschränkt sind, und mit welchen Folgen er zu rechnen hätte. Daran schließt sich ein Entwurf an, wie die Lösung des Problems aussehen könnte; der Akteur macht einen Plan (oder mehrere). Er muss darüber hinaus (zeitgleich, vorher oder nachher) definieren, welche Aspekte ihm bei der Entscheidung wichtig sind: soll die Entscheidung schnell fallen oder hat die Sache Zeit, wie er vorgehen will (will er andere zu Rate ziehen, ausführlich In-

3.1 Entscheidungen in Organisationen

formationen einholen oder „aus dem Bauch entscheiden") und welche sachlichen Kriterien für ihn welche Rolle spielen. Der Akteur definiert also seine Präferenzen und bringt sie in eine Rangordnung. Dann sondiert er unter diesen Aspekten die möglichen Alternativen, er bewertet sie und trifft ein Urteil darüber, welche Möglichkeit er auswählen will. Dann trifft er seine Wahl.

Diese Auswahl wird er/sie in aller Regel anderen mitteilen – gerade in Organisationen gilt, dass erst dann, wenn der Kommunikation einer Entscheidung die Zustimmung anderer gefolgt ist, eine Entscheidung als solche auch „in der Welt" ist: Nur wenn ein gewisses Maß an Konsens erreicht ist, nur wenn die Entscheidung hinreichend legitimiert worden ist, wird sie von anderen anerkannt. Und nur dann kann sie auch umgesetzt werden. Dem Entschluss und der Kommunikation folgt schließlich die Implementation, die eigentliche Umsetzung des Beschlusses, die Handlung. Ganz zum Schluss muss kontrolliert werden, ob die Entscheidung auch angemessen umgesetzt wurde.

Dieses Modell lässt sich, noch stärker abstrahiert, nach einem verbreiteten Lehrbuch der Wirtschaftswissenschaften wie folgt schematisch zusammenfassen:

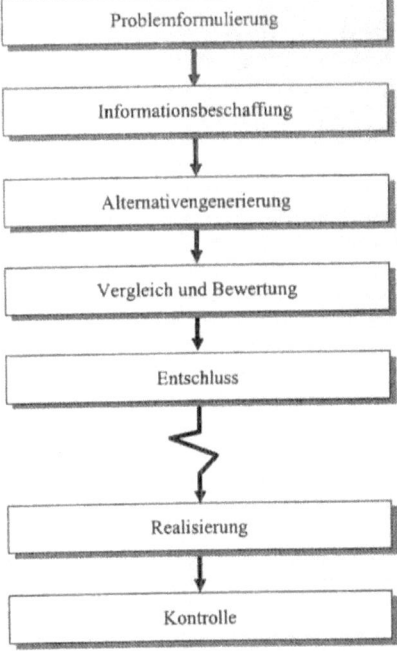

(Schreyögg 2003: 67)

In diesem Modell ist ein zeitlicher und inhaltlicher Schnitt im Entscheidungsprozess deutlich markiert. Der Pfeil im letzten Drittel der Darstellung zeigt einen Umbruch im Entscheidungsprozess an – ab hier wird gehandelt: Bis zum Entschluss spielt sich die Entscheidung im Kopf des Entscheiders ab (ein kognitiver Prozess bleibt es, auch wenn er/sie seine/ihre Gedanken zu Papier bringen sollte, die Informationen in Datenbanken sucht oder durch Befragung anderer erhält usw.), so das Modell. Nach dem Entschluss folgt die Handlung – die Realisierung der Entscheidung und die Kontrolle, ob sie umgesetzt worden ist. Zu bedenken ist, dass diese Vorstellung vor allem – und vielleicht nur – für „einsame Entscheidungen" Gültigkeit beanspruchen kann: Sobald, und das ist in Organisationen häufig der Fall, mehrere Akteure an einer Entscheidung beteiligt sind, ist der Austausch von Gedanken, das Abgleichen von Präferenzen, das Erarbeiten eines geteilten Deutungsrahmens nötig.

Wenn man im Modell bleibt, dann sind weitere Bedingungen dafür zu nennen, dass eine Entscheidung in dieser idealtypischen Form ablaufen kann. Sie bestehen vor allem darin, dass die entscheidende Person über das Bewusstsein und die Zeit verfügt, all die beschriebenen Dinge zu tun. Außerdem müsste ein Zustand vollständiger Transparenz vorliegen: die entscheidende Person müsste die Übersicht über alle nötigen Informationen haben, über diese verfügen und sie kognitiv verarbeiten können. Empirisch ist das natürlich niemals der Fall.

Die einzelnen Elemente des Modells stehen überdies in einer gewissen logischen Abfolge, die häufig genug nicht zutrifft: dass zunächst die Alternativen bedacht und dann eine Auswahl getroffen wird und dass dem Entschluss die Handlung folgt, scheint auf den ersten Blick nur folgerichtig. Tatsächlich aber gehen nicht nur die einzelnen Elemente eines Entscheidungsprozesses „durcheinander". Es erfolgen häufig auch mehrere Schritte gleichzeitig, und oft genug wird es auch so sein, dass zuerst eine Veränderung einer Situation stattfindet, die dann nachträglich als Entscheidung bezeichnet und mit einer guten Begründung versehen wird. (Vgl. hierzu weiter Abschnitt 3.2.3)

3.1.3 Entscheidungen im Kontext

In die Vorüberlegungen über das Entscheiden muss noch ein letzter wichtiger Punkt einbezogen werden. Entscheidungen, das wurde bereits betont, werden im Kontext getroffen: im Kontext anderer Akteure, im Kontext struktureller Vorgaben innerhalb der Organisation und im Kontext der Umwelt der Organisation. Der Hinweis auf die Einbindung eines entscheidenden Akteurs in ein Geflecht von Akteuren bedeutet, dass Entscheidungen selten von einem Akteur getroffen werden, der allein für sich steht: immer ist er eingebettet in Beziehungen, in eine Konstellation von Akteuren, die sich wechselseitig beobachten, beeinflussen, oder die in Verhandlungen miteinander treten (vgl. Schimank 2002), häufig ist es so, dass Entscheidungen gemeinschaftlich (in Gremien, Arbeitsgruppen, durch abgestufte Beschlussverfahren u.a.) getroffen werden. Es sind also verschiedene „Entscheidungs-Konstellationen" denkbar: ein Entscheider entscheidet unter Einbezug anderer Nicht-Entscheider, ein Entscheider entscheidet unter Einbezug anderer Mit-Entscheider, mehrere gleichermaßen beteiligte Entscheider entscheiden gemeinsam (konflikthaft oder konsensuell) und mehrere Akteure treffen gemeinsam eine Entscheidung, ohne dies miteinander abgestimmt zu haben. Diese Konstellationen werden von unterschiedlichen Perspektiven der Deutung und Erklärung des Entscheidens unterschiedlich stark akzentuiert: Im Fokus rational-choice-basierter Ansätze steht als kleinste analytische Einheit ein Entscheider – wenn mehrere Akteure an einer Entscheidung beteiligt sind, lässt sich die Entscheidung als Aggregat mehrerer, auf einzelne Entscheider rückrechenbare, Entscheidungen verstehen. Wenn mehrere Beteiligte einander nicht nur zur Kenntnis nehmen, sondern auch miteinander kommunizieren und interagieren und ihre Entscheidungen explizit in Aushandlungsprozessen aufeinander abgestimmt treffen, dann kann man den „Beziehungsaspekt" des Entscheidens in den Vordergrund rücken. Dieser Aspekt wird im Folgenden vor allem mit dem mikropolitischen Ansatz, der die Interaktion zwischen (durchaus rationalen) Akteuren betont, genauer betrachtet. Und wenn die geteilten Normen, Werte, Deutungen und Interpretationen der Akteure in Organisationen in die Analyse des Entscheidungsprozesses einbezogen werden, wird dieser Aspekt noch stärker betont: es gibt regelmäßig mehrere Kommunizierende und Handelnde, die eine Entscheidung alle mehr oder weniger intentional (mit) tragen (vgl. Kap. 3.4).

Der Hinweis auf strukturelle Vorgaben des Entscheidungskontextes „Organisation" erinnert daran, dass Entscheidungen grundsätzlich nicht „frei" getroffen werden. Sie knüpfen an frühere Entscheidungen an und sie sind Vorgabe für die nächste Entscheidung. Die entscheidende Person unterliegt Restriktionen: durch die Strukturen, die die Entscheidungssituation kennzeichnen, wird ihr Handeln sowohl ermöglicht als auch begrenzt. Je nachdem, über welche Mittel der Entscheider verfügt, welche Regeln in dieser Situation normalerweise gelten, welche er sich anschließt anzuwenden oder ob er eine Situation so wahrnimmt, dass Regeln übertreten werden dürfen (oder sogar müssen), je nachdem stehen mehr oder weniger und je verschiedene Alternativen und Verfahren der Entscheidung zur Verfügung. Für jede Entscheidung gibt es entsprechend immer nur einen bestimmten Spielraum: Entscheidungen fallen in einem „Entscheidungskorridor", der mehr oder weniger breit sein kann, der weiche oder harte Wände haben kann und der über „Notausgänge" verfügen kann oder nicht; „der Begriff des Entscheidungskorridors", so definieren beispielsweise Ortmann und andere, „meint strukturelle und situative, objektive und subjektive, interne und externe Restriktionen der Entscheidungsfreiheit." (Ortmann/Windeler/Becker/Schulz 1990: 67).

Schließlich steht der entscheidende Akteur in weiteren Kontexten als dem seiner Organisation. Er ist eingebunden in seine je eigene Lebenswelt, in Familien und Freundeskreise, er verfügt über seine ganz persönliche Biographie, subjektive Theorien, persönliche Interessen und Vorlieben, Angewohnheiten und Handlungsorientierungen. All dies spielt in die Situation mit hinein, in der der Entscheider entscheidet – als Bestandteil der Situation, als „Gegenüber" des Akteurs, als „Bestandteil" des Akteurs selbst (seiner Interpretationsmuster, Wissensbestände, Erfahrungen usw.) und als Praxis, in die der Akteur eingebunden ist. Eine Entscheidungssituation setzt sich also aus verschiedenen Elementen zusammen; sie entsteht erst in dem Moment, in dem der entscheidende Akteur sie als solche deutet, und sie verändert sich auf dem Weg zur Entscheidung und mit der Entscheidung kontinuierlich.

Das bedeutet, dass ein Entscheidungsprozess Momente beinhaltet, die in der Analyse empirischer Daten erfasst werden können und andere, die einem/r wissenschaftlichen Beobachter/in verborgen bleiben. Von außen lässt sich letztlich nicht beurteilen, wie Herr Conrad tatsächlich entschieden hat. War ihm direkt klar, wie er entscheiden würde? Hat er lange überlegt, hat er Planspiele gemacht oder mit seiner Frau darüber gesprochen? Hat er einen Coach um Rat gefragt? Vielleicht hat er gewürfelt. Was man als externer Beobachter festhalten kann, ist, welche Entscheidung Herr Conrad getroffen hat, wie er sie vermittelt hat und wie sie in der Organisation aufgenommen wurde. Was wiederum nicht beobachtet, sondern nur vermutet werden kann, das sind die Handlungsantriebe, die Motive und Interessen des Entscheiders. Warum Herr Conrad so und nicht anders gehandelt hat, das ist mit Mitteln der empirischen Sozialforschung kaum zu beantworten (sondern eine Frage, mit der sich die psychologische Diagnostik oder psychoanalytische Verfahren befassen).

Man kann allerdings Mutmaßungen anstellen, die nicht auf die je individuelle Ebene, sondern auf das Typische zielen. Dann kann man Entscheidern „Standardinteressen" (Mayntz/Scharpf 1995) unterstellen, die jeder und jede Handelnde durchschnittlich haben wird, zum Beispiel den Wunsch nach Anerkennung, nach der Sicherung des autonomen Handelns, nach Erwartungssicherheit oder Angstvermeidung, oder, noch allgemeiner formuliert, das Ziel, eigene Interessen, den eigenen Nutzen zu verfolgen. Auf der Unterstellung von Standardinteressen und -orientierungen basiert auch die Annahme des rationalen Handelns von Akteuren. Ein Entscheider denkt und handelt in dieser Perspektive grundsätzlich als vernunftbegabtes Wesen; er wägt Entscheidungsalternativen ab und verfolgt in seinem Handeln und Entscheiden seine ureigensten Interessen. Ob Herr Conrad das getan hat (oder ob er aus einem Gefühl heraus entschieden hat, oder ob er vielleicht getan hat, was ein wichtiger Kollege ihm nahe legte, obwohl es seine Interessen verletzte) und, wenn ja, in welcher Ausprägung von Rationalität und Nutzenorientierung (war der Überflieger allen anderen glasklar überlegen, hatte Herr Conrad große

Sympathien für ihn, oder konnte er ihn im Gegenteil nicht leiden und wollte ihn auf Dauer wegloben) – das kann man letztlich nicht ermitteln. Was aber genauer untersucht werden kann, ist, wie der Entscheidungsprozess verlaufen ist, welche Elemente darin eine Rolle spielten. Dazu soll nun eine erste Interpretation des Falls entwickelt werden, die den Ausgangspunkt für alle drei folgenden Schritte der Analyse darstellt. Dabei ist der Aspekt des „Entscheidens im Kontext" von hoher Wichtigkeit: In die Analyse einbezogen werden sowohl verschiedene Perspektiven auf das Entscheidungsgeschehen (die Darstellungen und Deutungen mehrerer Akteure) als auch die verschiedenen Elemente des Entscheidungsprozesses, die in der Erzählung über den Fall genannt werden (das Entscheidungsproblem, die Alternativen, die Kriterien der Entscheidung, die Kommunikation der Entscheidung, die strukturelle Vorgaben u. a.).

Lese- und Arbeitshinweise

Bevor Sie im ersten der drei Auswertungsschritte der Diskussion folgen, ob der Zweigstellenleiter Herr Conrad ein rationaler Akteur ist, der rationale Entscheidungen trifft, ist es ratsam, dass Sie sich den Fall und die die beteiligten Akteure noch einmal klar vor Augen führen. Wenn man, wie hier, einen empirischen Fall analysieren will, dann muss man irgendwo starten: Man kann zum Beispiel versuchen, auf der Basis der Organigramme zu beschreiben, welche Prozesse stattgefunden haben müssen. Oder man wählt aus den Darstellungen und Deutungen der beteiligten Akteure einen zusammenhängenden Textauszug aus, den man genauer anschaut und später mit anderen vergleicht. Entsprechend könnten Sie damit beginnen, dass Sie ins Material (Abschnitt 2.4.3) zurückgehen und den Auszug aus dem Interview mit Herrn Mühlenbrock lesen. Als Erweiterung steigen Sie dann in Auszug 3 aus dem Interview mit Herrn Goeke und in die Interviewauszüge von Frau Scholz ein. Schließlich könnten Sie die Interviewtexte mit den Veränderungen in den Organigrammen abgleichen. Am Beispiel dieser Materialien kann dann eine erste Linie der Fallanalyse herausgearbeitet werden. Wenn Sie sich aktiv mit den Daten befassen wollen, dann notieren Sie a) am Rande der Interviews in Stichpunkten, worüber gesprochen wird, und versuchen Sie b), diese Inhalte als Elemente des Entscheidungsprozesses zu verstehen und sie entsprechend zuzuordnen. Dann können Sie die folgende Zusammenfassung und Interpretation des Falls anhand Ihrer eigenen „Bruchstücke des Entscheidungsprozesses" nachvollziehen.

Die Entscheidung um die stellvertretende Gruppenleitung.
Eine erste Linie der Fallanalyse

Aus der Perspektive von Herrn Mühlenbrock, das lässt sich aus dem Interviewauszug klar herauslesen, waren die Neubesetzungen aus organisatorischen Gründen unumgänglich: Die Lean-Management-Vorgabe des Vorstandes des Versicherungsunternehmens erforderte, Gruppen zusammenzufassen, drei stellvertretende Gruppenleiter/innen zu degradieren und nach Maßgabe ihrer fachlichen Spezialisierung, der Vertragsbearbeitung, in seine „Gruppe zu integrieren". Für die Auswahl der Stellvertreter/innen nennt Herr Mühlenbrock folgende Gründe: Er beginnt damit, dass es „notwendig" war, eine der Stellvertreterinnen, Frau Pietsch, zu „ersetzen", weil sie „ein Baby bekam" und in Erziehungsurlaub ging, diesen für längere Zeit geplant hatte, dann aber „abkürzte". Diese Schilderung verwebt er direkt mit der Beschreibung des Mitarbeiters, dem ihre Position übertragen wurde, „ein sehr, sehr fähiger Mitarbeiter", der sich umfassend weiterqualifiziert hatte (vom Versicherungskaufmann über den Fachwirt zum Versicherungsbetriebswirt) und dem er eine starke Karriereorientierung zuschreibt: „der wird noch nach anderen Dingen streben". Damit weist Herr Mühlenbrock, ohne dass er das ausdrücklich markiert, darauf hin, dass diese Beförderung bzw. Degradierung bereits vor dem Zeitpunkt der Gruppenreduktion stattfand und mit diesem Umstrukturierungsschritt in keinem direkten Zusammenhang stand.

Er wechselt dann auf die Ebene der kommunikativen Vermittlung der Personalentscheidungen über die stellvertretende Gruppenleitung in der neuen Organisationsform, ohne explizit zu benennen, wer diese wann getroffen hat; aus seiner Formulierung, dass es „natürlich Aufgabe vom Zweigstellenleiter" war, diese Personalgespräche zu führen, lässt sich schließen, dass der maßgebliche Entscheider der Leiter der Zweigstelle gewesen ist. Er betont, dass diese Entscheidung von allen Beteiligten akzeptiert wurde, „es ist absolut komplikationslos verlaufen" und nennt die Gründe: Die zweite weibliche Stellvertreterin, Frau Gudenau, „war froh darüber, dass es so gelaufen ist", weil sie „den Druck der Stellvertretung schon als unangenehm in den sechs Jahren empfunden hat, die also sich unwohl fühlte, wenn der Gruppenleiter, also sie sich beweisen hätte können, müssen, in der Urlaubszeit, also sich unwohl gefühlt hat". Der andere männliche Stellvertreter, Herr Schäfer, musste hinter dem eben beförderten Stellvertreter, Herrn Goeke, zurückstehen, „weil in der Zwischenzeit dieser, ich sag' mal, Überflieger (...) nun einfach nun da ist". Die Qualitäten der beiden Männer wägt Herr Mühlenbrock dann ausführlich gegeneinander ab, nachdem er zunächst betont, dass die Leitlinie der Entscheidung nicht Seniorität, sondern Qualifikation gewesen sei: „also, wenn man jetzt (...) nicht sagt, (.) es sind so gestandene Hierarchien und wir machen das so, weil Du vorher auch schon mal zehn Jahre Stellvertreter warst, wenn man das mal über Bord wirft und sagt, jetzt gehen wir wirklich nach Fähigkeiten und Qualitäten vor". Herr Goeke wird dann geschildert als ein Mitarbeiter, der „eine solche Ausstrahlung" hat, als ein „sehr Guter und Junger, Dynamischer, hohe Auffassungsgabe, bringt alle Voraussetzungen mit für Führungsaufgaben"; der degradierte Herr Schäfer als „langjähriger" Mitarbeiter, der „fachlich viel drauf hat, viel Erfahrung hat, fachlich quantitativ, qualitativ sehr gut arbeitet", aber „da sind gewisse, der fachliche Bereich ist das eine, und es muss also auch, Führungsverhalten muss dementsprechend sein und da sind eben halt Mängel". Herr Mühlenbrock betont, dass er auch diesen Mitarbeiter „brauche" und „wertschätze". Seine Erzählung schließt er damit ab, dass er noch einmal den „Ehrgeiz" des neu beförderten Stellvertreters aufgreift und antizipiert, dass dieser die Zweigstelle verlassen wird („dass wir (...) dann sagen müssen, er ist nicht mehr (...) zu halten"), um „neue Wege zu gehen".

Ausschlaggebend für die Personalentscheidung sind in der Schilderung von Herrn Mühlenbrock also vor allem organisatorische Sachzwänge und fachliche Gesichtspunkte: Von den drei vorherigen Vertragsspezialist/innen konnte nur eine/r in dieser Position bleiben und die Stellvertretung der neuen Gruppe „Vertragsbearbeitung" übernehmen. Dafür ist eine sehr gute fachliche Qualifikation notwendig und ein hohes Maß an sozialer Kompetenz; die Anforderungen an Führungskräfte, die er hier nicht näher expliziert, sondern in der Beschreibung von Herrn Goeke und Frau Gudenau andeutet (dynamisch, ehrgeizig, Ausstrahlung, belastbar, sich beweisen wollen), müssen erfüllt werden. In diesem Rahmen bewertet er seine Mitarbeiter/innen und legitimiert die Entscheidung des Zweigstellenleiters: Eine der beiden Stellvertreterinnen erfüllt die Anforderungen nicht, weil sie sich nicht wohl fühlt und sich nicht bewiesen hat, einer der männlichen Stellvertreter erfüllt sie auch nicht, weil er ebenfalls über zu geringe Führungskompetenzen verfügt. Die dritte Person, die zuerst genannte Stellvertreterin, wird in diesem Abgleich von Anforderungen und Qualifikationen nicht genannt. Ein zweiter Aspekt der Stellenbesetzung, die Betriebszugehörigkeit und der bisherige bzw. antizipierte Verbleib auf der Führungsposition, wird unterschiedlich relevant gemacht: Im Fall von Frau Pietsch ist ihre Abwesenheit durch Erziehungsurlaub das ausschlaggebende Kriterium; ihre fachlichen und persönlichen Qualifikationen werden nicht diskutiert. Im Fall von Herrn Schäfer wird das Kriterium seiner langen Betriebszugehörigkeit und langjährigen Erfahrung als Stellvertreter thematisiert, aber seiner nicht ausreichenden Führungskompetenz untergeordnet; das Gleiche gilt, in weniger stark abwägender Argumentation, für Frau Gudenau. Im Falle von Herrn Goeke schließlich wird seine erst kurze Zugehörigkeit zum Unternehmen angesprochen (ein „Junger"), aber nicht als nachteilig bewertet, ebenso wenig, wie die von ihm angenommene kurze Verweildauer in der Zweigstelle; die ihm zugeschriebene überragende fachliche und soziale Kompetenz „schlägt" alle anderen Kriterien der Stellenbesetzung.

Frau Scholz, eine im Vergleich zu Herrn Goeke wenig jüngere und nahezu gleich qualifizierte Kollegin, wird in den Erzählungen um die Besetzung der stellvertretenden Gruppenleitung als mögliche Kandidatin nicht genannt. Nur eine/r der Befragten, und zwar Herr Goeke selbst, spricht über sie und berichtet, dass man sie „mit der Pflegepflichtversicherung ausgebremst" habe, dass sie, die die beiden fachlichen Bereiche, Bestand und Leistung, bearbeitet habe, in „jugendlichem Leichtsinn ja gesagt" habe zur Übertragung einer Spezialaufgabe, die sie aus den anderen Gebieten hinausführte. Frau Scholz selbst schildert, dass sie nach einiger Überlegung das neue Spezialgebiet angenommen habe, obwohl es ihrer Meinung nach nicht ihrem fachlichen Schwerpunkt entsprach; sie habe aber „eine Chance gesehen", Neues zu lernen und das „schon sehr interessant" gefunden. Auf die Frage nach Aufstiegschancen im Unternehmen antwortet sie: „keine" und führt aus, dass sie auch nicht direkt die „Intention gehabt" habe aufzusteigen; enttäuscht sei sie darüber gewesen, dass sich niemand für ihre Fortbildungserfolge interessiert habe, nicht einmal der übliche Blumenstrauß sei zur angemessenen Zeit überreicht worden. Eigene Erwartungen an die Erträge ihrer Bildungsinvestition sind in ihrer Darstellung von vornherein gebremst; Frau Scholz äußert Enttäuschung darüber, für ihre Qualifikationen und ihr Engagement nicht so anerkannt zu werden, wie sie das auf der Basis von Vorerfahrungen („normalerweise") erwartet hatte und keine Blumen bekommen zu haben – und nicht, nicht befördert worden zu sein.

Der beförderte Herr Goeke hingegen präsentiert sich selbst als aktiver Gestalter seiner Geschicke, als hoch kompetent mit Blick auf arbeitsorganisatorische Praxen und betriebliche Strategien, als potentielle Führungskraft, die ihren Vorgesetzten fachlich und visionär überlegen ist und im Karneval schon mal in die Rolle des Chefs schlüpft: Im Kontext informeller Kommunikation weist er auf Defizite in der aktuellen Arbeitsstrukturierung hin und prognostiziert, gegen die Einwände des Zweigstellenleiters, während der Phase der aufgabenintegrierten Sachbearbeitung die Rückkehr zur funktionalen Arbeitsteilung. Offen und eine Frage der Selbst- und Fremdzurechnung ist, ob Herr Goeke mit dieser Prognose *tatsächlich* höhere Kompetenzen in der Beurteilung arbeitsorganisatorischer Strukturen und Verfahren bewiesen hat (es wären auch andere organisatorische Lösungen denkbar gewesen) oder ob er eine kontingente Entwicklung zur Selbstdarstellung nutzen kann, ob er das strategisch tut oder ob er Begründungen ex post rekonstruiert. So weit eine erste Version der Geschichte.

3.2 Entscheiden als rationale Wahl

Diese Geschichte soll im Folgenden weiter interpretiert werden, um Schritt für Schritt mehr über die Form des Entscheidens und das Funktionieren von Organisationen zu erfahren. Im ersten Schritt der Analyse soll geprüft werden, ob und inwiefern Herr Conrad ein rationaler Akteur ist. Dazu ist zunächst wieder eine Etappe der begrifflichen Klärung notwendig – analog zu einem „richtigen" Forschungsprozess pendelt der Text also ständig zwischen Theorie und Empirie.

3.2.1 Rationale Wahl

In einigen prominenten Ansätzen der Handlungs- und Entscheidungstheorie, das wurde bereits mehrfach angedeutet, steht der Aspekt der Rationalität im Vordergrund. Eine Entscheidung kann man als „rationale Entscheidung" ansehen mit Blick auf ihr Ergebnis: Dann steht die Annahme im Vordergrund, dass eine Entscheidung dann rational ist, wenn das Ergebnis der Auswahl zwischen einer oder mehreren Alternativen möglichst rational – optimal oder wenigstens zufriedenstellend vernünftig, sinnvoll, angemessen – im Verhältnis zu den Nutzenerwägungen des entscheidenden Akteurs ist. Weiterentwicklungen und Differenzierungen der Theorien rationaler Wahl (zum Beispiel die Wert-Erwartungs-Theorie, siehe unten) stellen aber nicht (mehr) den Aspekt des Nutzens (allein) in den Vordergrund, sondern auch die Wahrscheinlichkeit, dass ein bestimmtes Ereignis oder Ergebnis eintritt. Der entscheidende Akteur orientiert sich daran, was für ihn/sie unter Präferenz- und Erwartbarkeitsgesichtspunkten subjektiv nützlich ist, und das ist rational. Darüber hinaus wird die Rationalität des Entscheidungsverfahrens fokussiert: Ein Akteur handelt rational, wenn er/sie gemäß der inneren Logik eines vernünftigen Verfahrens vorgeht, in dem Zweck und Mittel in einem nachvollziehbaren Verhältnis zueinander stehen.

In jedem Fall betonen diese Ansätze den kognitiven Prozess des Entscheiders: Damit eine Entscheidung eine Entscheidung ist, muss sie, entweder orientiert am subjektiven Nutzen und/oder an der Logik des Verfahrens, spätestens jedoch in ihrer rückblickenden Begründung und Legitimation, der Anforderung der Rationalität genügen. Entscheidungen werden von einem reflexiven Akteur getroffen, der entweder rational im Sinne von zweckorientiert, überlegt und vernünftig denkt und handelt, oder der rational angemessen und logisch im Sinne des Verfahrens vorgeht. Eine Entscheidung ist entsprechend ein kognitiver Prozess, dem die Handlung als Umsetzung folgt. Sie besteht in der Auswahl einer Alternative (von mehreren möglichen): die entscheidende Person fasst bewusst und willentlich einen *Entschluss*, und die Entscheidung ist in dem Moment gefallen, in dem der Entschluss eine Handlung in Gang setzt.[24]

---

24 In der phänomenologischen Soziologie hat das Alfred Schütz so beschrieben, vgl. Schütz (2004).

Im Mittelpunkt aller Theorien rationalen Handelns steht also, das Handeln – und Entscheiden – reflexiver, mehr oder weniger rationaler Akteure zu erklären.[25] Dabei spielen die folgenden Elemente eine zentrale Rolle: 1.) wird der individuelle Akteur ins Zentrum gerückt. Diesem Akteur werden 2.) bestimmte kognitive Fähigkeiten und 3.) bestimmte Handlungsantriebe (Motivationen) unterstellt: Ein rationaler Akteur orientiert sich an seinen Interessen und an dem, von dem er annimmt, dass es ihm nutzen wird. 4.) Hat er bestimmte Ziele und Vorstellungen dessen, was er erreichen will (Präferenzen). 5.) Schließlich definiert er, um eine Entscheidung zu treffen, seine Situation und er kalkuliert Alternativen. Seine Auswahl zwischen verschiedenen Möglichkeiten trifft er zielgerichtet, intentional, strategisch, also mit Blick auf die Wahrscheinlichkeit der Zielerreichung und mit Blick auf die Risiken und Folgen seiner Entscheidung. Diese handlungstheoretischen Ansätzen stehen in der Tradition des methodischen Individualismus (Weber): Sie teilen die Überzeugung, dass gesellschaftliche – und, so darf man parallelisieren – organisatorische Strukturen auf individuelles Handeln zurückzuführen sind und durch individuelles Handeln und dessen Nebeneffekte zustande kommen. Diese hier erst einmal kurz zusammengefassten Dimensionen des rationalen Handelns und Entscheidens sollen jetzt kurz etwas genauer betrachtet werden.

Zunächst soll noch einmal festgehalten werden, was „Rationalität" eigentlich bedeutet. Im Alltagsverständnis heißt, sich rational zu verhalten vor allem: vernünftig zu handeln. Vernünftig handeln und entscheiden wiederum bedeutet, kopfgesteuert, überlegt, nicht aus dem Affekt, sondern bedacht zu handeln und zu entscheiden. Und es heißt: logisch zu handeln, begrifflich fassbar, so, dass es für andere nachvollziehbar ist, dass es ihnen sinnvoll, angemessen und folgerichtig erscheint. In der soziologischen Theorie des rationalen Handelns sind diese Aspekte enthalten. Sie werden aber unterschiedlich stark hervorgehoben. Coleman zum Beispiel betont mit Blick auf die Rationalität des Handelns die Orientierung am Nutzen:

---

25 Den Ausgangspunkt für eine Beschreibung und Diskussion dessen, was rationales Handeln und Entscheiden ausmacht, bildet die Tradition der „Theorien rationaler Wahl". In die Überlegungen zum rationalen Entscheiden werden hier aber auch solche Erweiterungen und Fortführungen dieser Tradition mit einbezogen, die sich kritisch mit den ursprünglichen Annahmen der rationalen Wahl auseinandersetzen oder diese weiter fassen Im Hintergrund der kurzen Begriffsdiskussion stehen daher sowohl die „Klassiker" (vor allem: Coleman 1995) als auch zusammenfassende, kritisch würdigende und weiterführende Beiträge in handlungs- oder entscheidungstheoretischer Tradition (vgl. beispielsweise Berger/Mehlich 2006, Diekmann/Voss 2004, Esser 1990, 1996, 1999, March 1994, Schimank 2005, Schmid 2004, Schneider 2002, Wiesenthal 1987).

3.2 Entscheiden als rationale Wahl

„(...) (Ich) werde", definiert er, „(...) auf den Begriff der Rationalität, wie er in der Ökonomie verwendet wird, zurückgreifen, d.h. auf den Begriff, der dem rationalen Akteur in der ökonomischen Theorie zugrunde liegt. Dabei geht man davon aus, dass verschiedene Handlungen (...) für den Akteur von bestimmtem Nutzen sind und verbindet dies mit einem Handlungsprinzip, wonach der Akteur diejenige Handlung auswählt, die den Nutzen maximiert." (Coleman 1995: 17)

Diese Bindung von rationalem, vernunftgemäßem Handeln an die individuelle Nutzenorientierung ist einerseits sehr schlüssig. Ein utilitaristisches Menschenbild unterstellt, wäre es ausgesprochen unvernünftig, irrational für eine entscheidende Person, sich nicht am eigenen Nutzen zu orientieren. Andererseits birgt die Betonung der Nutzenmaximierung Probleme. Zum einen gibt es eine Vielzahl von Fällen, in denen Akteure flexibel mit ihrer Nutzenorientierung umgehen (zum Beispiel, wenn sie ihre Nutzenerwartungen herunterschrauben, sie zeitlich zurückstellen oder altruistisch handeln), zum anderen kann auch nicht-rationales Handeln Nutzen bringen. Viele empirische Phänomene können also mit dem Hinweis auf die Orientierung an Nutzen nicht hinreichend erklärt werden. Und wenn man die Vorstellung der Nutzenverfolgung als rationales Handeln so weit fasst, dass auch nicht-rationales Handeln als rational gilt (affektgeleitetes Handeln ist zwar nicht vernünftig im Wortsinn, aber unter Umständen nutzenbringend), dann, so könnte man argumentieren, wird der Begriff der Rationalität überdehnt.

Eine weitere „Überdehnung" ist ganz unstrittig: Vollständige Rationalität, in der beispielsweise wie oben modellhaft abgebildet, alle Probleme und Ziele klar definiert, ein vollständiger Überblick vorhanden und die völlige Transparenz der Situation gegeben wären, in der alle Zeit der Welt wäre, alle Alternativen präsent, alle Präferenzen bewusst und als Entscheidungskriterien angemessen operationalisiert wären, in der jede Alternative gegen jede andere abgewogen, jede bewertet, und sich für nutzbringendste entschieden würde, gibt es nicht. March zeigt das am Problem der Personalauswahl: Schon im Gedankenspiel leuchtet unmittelbar ein, dass eine Entscheidung im Modell reiner Rationalität empirisch nicht umsetzbar ist.

„Consider the problem of assigning people to their jobs.", schreibt March. „If it were to satisfy the expectations of pure rationality, this decision would start by specifying an array of tasks to be performed and characterizing each by the skills and knowledge required to perform them, taking into account the effects of their interrelationships. The decision maker would consider all possible individuals, characterized by relevant attributes (their skills, attitudes, and price). Finally, the decision maker would consider each possible array of assignments with respect to the preferences of the organization.

Preferences would be defined to include such things as (1) profits, sales, and stock value (tomorrow, next year, and ten years from now); (2) contributions to social policy goals (e.g. affirmative action, quality of life goals, and the impact of the assignment on the family); and (3) contributions to the reputation of the organization among all possible stakeholders – shareholders, potential shareholders, the employees themselves, customers, and citizens in the community. The tradeoffs among these various objectives would have to be known and specified in advance, and all possible task definitions, all possible sets of employees, and all possible assignments of people to jobs would have to be considered. In the end, the decision maker would be expected to choose the one combination that maximizes expected return.

A considerably less glorious version of rationality – but still heroic – would assume that a structure of tasks and a wage structure are given, and that the decision maker assigns persons to jobs in a way that maximizes the return to the organization. Another version would assume that a decision maker calculates the benefits to be obtained by gathering any of these kinds of data, and the costs.

Virtually no one believes that anything approximating such a procedure is observed in any individual or organization, either for the job assignment task of for any number of other decision tasks that confront them." (March 1994: 4f.)

Drei theoretische Differenzierungen sind daher für die Analyse empirischen Handelns und Entscheidens als rationales Handeln wichtig: Rationalität ist begrenzt, Rationalität ist relativ, und Rationalität bezieht sich auf Verfahren des Entscheidungtreffens, nicht auf das Ergebnis. Im Einzelnen heißt das:

a. Es geht immer um begrenzte Rationalität. Insbesondere die verhaltenswissenschaftliche Entscheidungstheorie hat mit der Frage, wie Entscheidungen tatsächlich passieren (exemplarisch: Cyert/March 1963, March/Simon 1958, March 1994) die Annahme der Rationalität des Entscheidens immer weiter „zurückgefahren". Die Rationalität, die im Entscheiden zur Wirkung kommt (oder kommen kann), ist „bounded rationality", sie ist grundsätzlich eingeschränkt: die Informationsverarbeitungskapazität der Entscheider ist begrenzt, der Zeithorizont ist begrenzt, die Übersicht über die Situation ist begrenzt usw. Die Formen, in denen Akteure entscheiden, sind in der Realität entsprechend so angelegt, dass sie diesen Begrenzungen Rechnung tragen: Akteure suchen zum Beispiel nach der nächstbesten Lösung („simple-minded search"), und sie suchen nicht nach optimalen Lösungen sondern nach zufrieden stellenden („satisficing"). Das heißt, dass Akteure inkrementalistisch handeln und entscheiden: Sie gehen Schritt für Schritt vor, sie blenden bestimmte Dinge aus, fixieren sich schnell auf andere, fassen nur einen überschaubaren Zeithorizont ins Auge usw. Damit handeln sie immer noch rational, aber „auf geringerem Niveau" (vgl. hierzu ausführlich Schimank 2005).

b. Es geht immer um subjektive Rationalität. Rationalität, das beschreibt zum Beispiel Hartmut Esser (vgl. zum Beispiel Esser 1990, 1996, 1999) in seinem Entwurf einer Handlungstheorie, ist relational. Esser baut das Modell

3.2 Entscheiden als rationale Wahl

der „Subjective Expected Utility" (SEU, Werterwartungstheorie) weiter aus: Es ist der *subjektiv* erwartete, also je persönlich, nicht in irgendeiner Form objektive Nutzen, der maximiert werden soll, und zwar unter den gegebenen Bedingungen der Entscheidungssituation, also in Anbetracht der gegebenen Möglichkeiten (Ressourcen) und Beschränkungen (Restriktionen). Die Ziele und Alternativen, zwischen denen ein Akteur wählen kann, sind in dieser Sicht ebenfalls von vornherein begrenzt: es sind nur die, die er/sie subjektiv erkennen kann und als für sich relevant bewertet. Während Theorien rationaler Wahl üblicherweise die Zielgerichtetheit des Handelns und Entscheidens hervorheben, gehen in Essers Entwurf darüber hinaus auch unbewusste Wahrnehmungen, Routinen und „habits" ein: Akteure deuten die Situation, in der sie zu handeln und zu entscheiden haben. Dabei kalkulieren sie nicht nur rational Präferenzen und Möglichkeiten, sondern orientieren sich auch spontan und unbewusst an bestimmten Relevanzstrukturen der Situation („frames"), die sie erkennen und unter Umständen automatisch in eine bestimmte Handlungswahl übersetzen. Mit einer solchen Einschränkung der Notwendigkeit der Intentionalität des Handelns ist diese theoretische Fassung des Handelns und Entscheidens aber ein großes Stück von Rational Choice-Theorien im engeren Sinne entfernt.

c. Ein dritter zentraler Punkt ist schließlich, dass Rationalität, wenn man rationale Wahlen außerhalb von Modellen verstehen will, nicht mehr als etwas „Essentielles" angesehen werden kann. Was jeweils „vernünftig" ist, das lässt sich nicht objektiv festlegen. Es ist, wie gesagt, zum einen subjektiv. Zum zweiten variiert es auch mit der Blickrichtung: Eine für den Entscheider rationale Folge einer Entscheidung (er erhält etwas, von dem er sich einen Nutzen verspricht) kann auch auf nicht-rationalem Weg erreicht werden, und auf rationalstem Weg können die unvernünftigsten Dinge entstehen – das ist der Unterschied zwischen Ergebnis- und Verfahrensrationalität.

Mit diesen Überlegungen sind wichtige Elemente von soziologischen Handlungstheorien, insbesondere Theorien rationaler Wahl, angesprochen worden. Es handelt sich dabei aber nicht, so viel ist deutlich geworden, um dezidiert organisationstheoretische Überlegungen: Bis hierhin wurde nicht explizit auf den Kontext der Organisation oder „die Organisation selbst" Bezug genommen. In den angesprochenen Theorien geht es vielmehr um individuelle Akteure und ihr jeweiliges Entscheidungsverhalten, und es wird darüber hinaus noch nicht präzise zwischen Handeln und Entscheiden unterschieden. Beides ist mit Blick auf die Analyse des Falls aber durchaus anschlussfähig: Das erste, das man wahrnimmt, wenn man sich empirisch mit der Organisation beschäftigt, sind Akteure. Zwar kann man ebenso schnell auch Strukturen erkennen. Diese sind aber entweder mit Personen verbunden (zum Beispiel im Organigramm: die Stellen sind durch die Stelleninhaber/innen kenntlich gemacht) oder sie sind an die Darstellungen und Deutungen der Akteure gebunden. Die Akteure und ihr Handeln gehören zweifellos zur Organisation, und auch, wenn das nicht der Fokus der Bezugstheorien ist, kann man die Grundidee auf das Funktionieren von Organisationen übertragen:[26] Organisationen basieren in dieser Perspektive auf dem Handeln (oder, betriebswirtschaftlich formuliert, auf dem Verhalten, auch: auf dem „Strategisieren") rationaler Akteure. Organisatorische Strukturen entstehen durch das zielgerichtete Handeln der Akteure und den nicht-intendierten Folgen dieses Handelns, und sie treten den Akteuren als Rahmen ihrer Handlungen, als Situation des Handelns und Entscheidens, wieder gegenüber.

3.2.2 Herr Conrad als rationaler Akteur

Die Analyse des Entscheidungsprozesses startet also mit dem Blick auf einen zentralen Akteur und dessen Entscheidungshandeln. Sie nimmt im ersten Schritt die Perspektive der „rationalen Wahl" ein und konzentriert sich exemplarisch auf diesen einen Akteur und seine kognitiven Leistungen – unterstellt werden, oder anders: beobachtet werden sollen seine bewusste Sondierung von Alternativen, seine Orientierung an Nutzen und Präferenzen und seine absichtsvolle, von ihm darstellbare und begründbare Wahl. Der Akteur, der als erstes herausgegriffen wird, ist Herr Conrad: Er ist derjenige, von dem man annehmen kann, dass er die Entscheidung über die Besetzung der stellvertretenden Gruppenleitung getroffen, sie zumindest nach innen und außen zu verantworten hat. Diese Annahme beruht auf der Beobachtung eines Strukturmoments, nämlich der Positionierung von Herrn Conrad in der Hierarchie des Unternehmens: Er ist Leiter der Zweigstelle des Versicherungsunternehmens und daher letztverantwortlich für alle Personalentscheidungen, die in seinem Haus getroffen werden. Herr Conrad steht im Laufe des Umstrukturierungsprozesses wiederholt vor der Entscheidung, die Position der stellvertretenden Gruppenleitung zu besetzen. *Dass* Herr Conrad die Entscheidungen über die Leitung seiner Arbeitsgruppen zu treffen hatte, stand nicht in seiner Verantwortung. Der Maßgabe der Unternehmensspitze, Arbeitsgruppen zu reduzieren und dabei Leitungspositionen abzubauen, hatte er Folge zu leisten. *Wie* er diese Entscheidungen und *warum* er sie so und nicht anders getroffen hat, das war allerdings seine Sache. Hat für ihn nur Leistung gezählt oder spielten Sympathien und Antipathien eine Rolle, hatte er höchst persönliche Motive (zum Beispiel, sich als Förderer des exzellenten Nachwuchses zu profilieren) oder war er überzeugt davon, mit dieser Wahl der Organisation am besten

---

26 Vgl. hierzu zum Beispiel Coleman (1995), Kappelhoff (2000), Wittek/Flache (2002).

zu dienen (weil der beste Mann am richtigen Platz wäre) – oder hat er letztlich intuitiv, im Affekt, aus einer Stimmung heraus entschieden?

In der Perspektive rationaler Wahl hätte Herr Conrad Folgendes getan: Er hätte das Entscheidungsproblem wahrgenommen, die Situation definiert, seine Interessen überlegt, seine Ziele definiert, die Kriterien, nach denen er seine Entscheidung treffen will, für sich benannt und in eine Rangfolge ihrer Wichtigkeit gebracht. Dann hätte er die möglichen Alternativen eruiert, seine Kriterien auf jede Möglichkeit angewandt, bewertet und abgewogen. Schließlich hätte er seine Entscheidung getroffen: Herr Goeke soll stellvertretender Gruppenleiter werden.[27] Dann hätte er die Folgeentscheidungen getroffen: Wen degradiert er stattdessen? Zum Schluss hätte er gehandelt: Er hätte seine Entscheidung den Gruppenleitern mitgeteilt und begründet, und er hätte weitere relevante Akteure ins Bild gesetzt. Er hätte das Gesamttableau der Entscheidungen veröffentlicht und abgewartet, was passiert. Zu einem späteren Zeitpunkt hätte er sich darüber informiert, wie die Entscheidung umgesetzt worden ist und sich davon überzeugt: es ist alles komplikationslos gelaufen. Die Abfolge dieser Elemente ist nicht zwingend – von ausschlaggebender Bedeutung ist in dieser Perspektive, dass Herr Conrad einen kognitiven Prozess der zielgerichteten Entscheidung vorgenommen hätte, in dem er bewusst Alternativen bedacht und kalkuliert hat, und das unter der Zielsetzung, einen möglichst großen Nutzen für sich zu erreichen.

Lese- und Arbeitshinweise

Gehen Sie an dieser Stelle in das Material zum Fall zurück. Wichtig sind hier a) noch einmal der Auszug aus dem Gespräch mit Herrn Mühlenbrock und b) die Auszüge 1, 2 und 4 aus dem Interview mit Herrn Conrad.

Die Entscheidungen waren, damit beginnt Herr Conrad seine Erzählung, aus sachlichen Gründen notwendig. Er führt jedoch nicht die Vorgabe der Unternehmensspitze, Leitungsfunktionen einzusparen, als Auslöser der Umstrukturierung an, sondern die Qualität der Arbeit: Die Fehlerquote in der Rundumbearbeitung lag hoch, berichtet er, und er erklärt, dass das zwar für die Kunden keine relevanten Auswirkungen hatte, „intern" aber schon. Daher habe man „einen Schritt zurück" gehen müssen. Dass die neue (und alte) Form der Sachbearbei-

---

27 Die Analyse wird sich im Folgenden auf diese Teilentscheidung konzentrieren: Der Fokus liegt auf der Besetzung der *stellvertretenden* Gruppenleitung, nicht auf der Besetzung der Gruppenleitung oder anderen Teilentscheidungen. Es können hier auch nur Teilaspekte der gesamten Fallanalyse betrachtet werden; nur solche, die einen wichtigen Punkt der jeweils bearbeiteten Theorien deutlich machen, können hier einbezogen werden.

tung (nämlich die Spezialisierung in Vertrags- und Leistungsbearbeitung) wieder eingeführt werden sollte, benennt er nicht explizit; er spricht nur davon, dass „es" stattgefunden hat. Die Problembeschreibung (Fehlerquote, mangelnde Routine der Mitarbeiter) und -lösung (nun ist Mitarbeitern wieder möglich, größere Routine in der Arbeit zu erwerben) verquickt er dann direkt mit der Schilderung der Führungsqualitäten eines Mitarbeiters: „Diesen Effekt (die Routine aufzubauen), den haben wir nämlich jetzt wieder, dass also hier z. B. der Vertragsbereich wirklich von einer Person geführt wird, die fachlich hoch qualifiziert ist, also sich in allen Bereichen halt auch auskennt". Herr Conrad, so könnte man interpretieren, hat also als Hauptproblem die Tatsache des schlechten Abschneidens der Rundumsachbearbeitung gesehen. Dies führte dazu, dass man „umdenken, umgedacht hat" – man kann ein „umdenken musste" ergänzen und schlussfolgern, dass Herr Conrad ursprünglich nicht so dachte und diese Entscheidung nicht ohne äußeren Anlass getroffen hätte. Das Problem bringt er a) in Zusammenhang mit der Größe der Zweigstelle und b) mit der fachlichen Qualifikation der Gruppenleitung, wobei er sich auf den Vertragsbereich konzentriert und ausgerechnet den Mitarbeiter, den Gruppenleiter Mühlenbrock, nennt, mit dem er keinerlei Probleme hat. Das kann verschiedene Deutungen in Gang setzen, die hier nicht überprüft werden können, zum Beispiel, ob er an dieser Stelle etwas verschweigen will und das Problem eigentlich woanders lag. Was man festhalten kann ist, dass Herr Conrad sachliche Erwägungen in den Vordergrund stellt: Seine Argumentation bezieht sich auf Vorgaben der Unternehmensspitze (implizit), auf die Qualität der Sachbearbeitung und auf die Spezialisierungen, die in der Sachbearbeitung offensichtlich (doch) nötig sind. Das klingt erst einmal völlig vernünftig, sachorientiert und reflektiert – also rational.

In der weiteren Begründung der Entscheidung betonen sowohl Herr Conrad selbst als auch sein Stellvertreter, der Gruppenleiter des Bereichs Vertragsbearbeitung, Herr Mühlenbrock, dass alle getroffenen Entscheidungen von allen Beteiligten akzeptiert worden seien: „Es ist absolut komplikationslos verlaufen". Die Argumente, die Herr Conrad nennt (und die sich in der Erzählung von Herrn Mühlenbrock wiederfinden) sind folgende: Weil ein Gruppenleiter degradiert werden musste, musste eine Stellvertreterposition frei geräumt werden. Dabei ging es um den Vertragsbereich: Hier hat Herr Conrad (oder Herr Mühlenbrock, der eine ganz ähnliche Formulierung verwendet) alle Mitarbeiter, die ehemals Stellvertreter in den Rundumsachbearbeitungs-Gruppen waren, in der Gruppe Vertragsbearbeitung „zusammengezogen". Wegen der zuvor komplementären Zusammensetzung der Gruppenleiter und -stellvertreter aus Vertrag und Leistung und der Anzahl der Gruppen (nur eine im Vertragsbereich, aber drei im Leistungsbereich) hatte Herr Conrad also nur mit den „Vertragsleuten" ein Problem: „da zog ich so viele Mitarbeiter von hoher Qualität zusammen, dass ich (...) da die Qual der Wahl hatte". Folgt man der Nacherzählung der Situation durch

3.2 Entscheiden als rationale Wahl

Herrn Conrad bis hierhin, dann hat er also auf der Basis eines Sachproblems (Gruppen reorganisieren) erstens ein Entscheidungsproblem definiert (einen Gruppenleiter degradieren, die Stellvertretungen neu besetzen, und zwar nach ihrer fachlichen Spezialisierung) und zweitens eine Anzahl von alternativen Entscheidungsmöglichkeiten gesehen. Alle, die vorher stellvertretende Gruppenleiter/innen und außerdem Vertragsexperten waren, standen zu Verfügung, die Stellvertretung in der Gruppe „Vertragsbearbeitung" zu übernehmen.[28] Aus den Organigrammen kann man ableiten, dass das Herr Goeke, Frau Gudenau, Frau Pietsch und Herr Schäfer waren. Von Herrn Conrad genannt wird zunächst eine Mitarbeiterin, die „*theoretisch*" hätte Stellvertreterin werden können, weil sie es zuvor gewesen war. Warum sie es nicht wurde, begründet er an dieser Stelle nicht. Er springt vielmehr von der Darstellung des Entscheidungsproblems und einer sehr kurzen Charakterisierung des Entscheidungsprozesses zur vollzogenen Entscheidung:

> „(...) und da (ist) jetzt dann als Stellvertreter (...) ein junger Mitarbeiter, der also, sag' ich mal, mit Sicherheit mal meine, meine Aufgabe auch irgendwo mal wahrnehmen wird, sag' ich mal, wenn er mobil ist und wenn er dann, ja, er hat jetzt seinen Versicherungsbetriebswirt gemacht, also, eine, absolute Spitzenkraft, die da Stellvertreter wurde (...)."

Vom Ende her gedacht, resümiert Herr Conrad seine Entscheidung dann auch ganz anders: die Alternative „Spitzenmann" war den anderen ehemaligen Stellvertreter/innen so überlegen, dass es „letztendlich einfach war, da die Position neu zu besetzen".

Die Schilderung von Herrn Mühlenbrock konzentriert sich ebenfalls auf diesen Punkt: die überragende Qualifikation des „Spitzenmanns". Er berichtet darüber hinaus eine Tatsache, die Herr Conrad völlig unerwähnt lässt: Eine der beiden ehemaligen stellvertretenden Gruppenleiterinnen, so Herrn Mühlenbrocks erstes zentrales Argument in der Begründung für die Personalauswahl, bekam ein Baby, wechselte von Voll- zu Teilzeitarbeit und musste deswegen „ersetzt werden". In der Begründung der Entscheidung schließt Herrn Conrad also gleich zwei Kandidatinnen ohne, dass er in Begründungsnot geriete, aus: eine der beiden wird genannt, aber es bedarf keiner Erläuterung, warum sie nicht Stellvertreterin blieb, die andere wird erst gar nicht erwähnt. Auch Herr Mühlenbrock führt die Begebenheit der Schwangerschaft einer der ehemaligen Stellvertreterinnen

---

28 Nur hier gab es ein Entscheidungsproblem: Für die Besetzung der Gruppenleitung und Stellvertretung in den beiden Gruppen „Leistungsbearbeitung" stand genau die richtige Anzahl an „gegebenen" Leistungsexperten, also solchen, die vorher schon eine Führungsfunktion innegehabt hatten, zur Verfügung. Im Vertragsbereich waren es nun zu viele, so dass eine Auswahl getroffen werden musste.

nicht weiter aus, sondern verbindet den Hinweis darauf direkt mit den Vorzügen des Mitarbeiters, dem ihre Position übertragen wurde. Herr Goeke, sagt auch Herr Mühlenbrock, ist „ein sehr, sehr fähiger Mitarbeiter", der sich umfassend weiterqualifiziert hat, dem Ehrgeiz und eine starke Karriereorientierung zugeschrieben werden und von dem antizipiert wird, dass er über kurz oder lang die Zweigstelle verlassen wird, um „neue Wege zu gehen". Seine hohe Kompetenz wird dafür angeführt, dass Herr Goeke, obwohl zuletzt befördert,[29] während der eigentlichen Welle der Umbesetzungen auf seinem Posten bleibt, während ein anderer „langjährigen Mitarbeiter" (Herr Schäfer) zurückgestuft wird, „weil in der Zwischenzeit dieser Überflieger nun einfach da ist". Die Leitlinie der Entscheidung sei nicht mehr Seniorität, sondern Qualifikation, so die befragten Führungskräfte, und da sei Herr Goeke, der „eine solche Ausstrahlung" hat und ein „sehr Guter und Junger, Dynamischer" ist, einfach überlegen. Der degradierte Kollege wird zwar als fachlich hoch kompetent und sehr erfahren beurteilt, aber sein Führungsverhalten sei nicht entsprechend, da gebe es „Mängel".

Die zweite der beiden weiblichen Stellvertreterinnen scheidet, so berichten dann wieder beide Führungskräfte, freiwillig aus dem Rennen, weil sie „den Druck der Stellvertretung als unangenehm in den sechs Jahren empfunden hat", weil sie „sich unwohl fühlte", wenn der Gruppenleiter nicht da war und sie sich hätte „beweisen können". Kriterien der Entscheidung, so kann man aus den vorgebrachten Argumenten ableiten, sind also eine sehr gute fachliche Qualifikation, ein hohes Maß an sozialer Kompetenz, Vollzeitarbeit, und es müssen bestimmte Anforderungen an Führungskräfte (dynamisch, ehrgeizig, Ausstrahlung, belastbar, sich beweisen wollen) erfüllt werden. In ihrer Relevanz unterschiedlich bewertet werden die Kriterien Seniorität beziehungsweise Betriebszugehörigkeit: In der Erläuterung der Besetzung der stellvertretenden Gruppenleitung wird die langjährige Erfahrung zweier Kandidat/innen als etwas Positives genannt, sie ist aber im Vergleich zu Herrn Goeke kein entscheidendes Kriterium. In der Erläuterung der notwendigen Degradierung eines der Gruppenleiter hingegen ist Seniorität das einzige angewandte und legitime Kriterium:

„(...) bis auf diesen einen Gruppenleiter, der jetzt halt dann nicht mehr, notgedrungen nicht mehr Gruppenleiter ist, das habe ich ihm auch gesagt, das ist jetzt also nicht 'ne Qualitätsentscheidung gewesen zwischen, also, ich musste halt einen nehmen, und das war der, der als letzter Gruppenleiter geworden ist." (Herr Conrad)

Herr Conrad führt in seiner Darstellung der Entscheidung also an, dass er verschiedene Kriterien und Möglichkeiten berücksichtigt hat. Seine Schilderung ist

---

29 Nämlich kurz vor der Reorganisation, während des Erziehungsurlaubs von Frau Pietsch; das lässt sich mit anderen Interviewpassagen und den Organigrammen belegen.

nicht ganz widerspruchsfrei und „inhaltlich" auch nicht vollständig. Aber sie ist erst einmal in sich rational: Es gibt keinen Grund, seine Entscheidung nicht für sachlich richtig, vernünftig und für jedermann nachvollziehbar zu halten. Auch das Kriterium der Reflexivität scheint gegeben. Zumindest in der nachträglichen Begründung wird nahegelegt, dass ein gedanklicher Prozess der Kalkulation von verschiedenen Möglichkeiten stattgefunden hat. So, wie die beiden Führungskräfte, Herr Conrad und Herr Mühlenbrock, die Entscheidung präsentieren, sieht sie auch ganz nach einem zielgerichteten Prozess aus: Ohne, dass es explizit formuliert wäre, vermitteln sie den Eindruck, ihre Intention sei gewesen, den besten Mann auf die zu besetzende Stelle zu setzen – oder besser (und das ist noch weniger explizit formuliert), ihn dort zu belassen. Die Betonung der überragenden Qualifikation von Herrn Goeke macht Fragen nach dem Nutzen dieser Entscheidung überflüssig: Es ist, auf der Basis von allgemein geteilten Vorstellungen von Leistung und Exzellenz nur folgerichtig, dass der Beste die Stelle bekommt – dass das Prinzip der Bestenauslese angewandt wurde, wird von den Entscheidern beschrieben, aber begründungspflichtig ist es nicht.

Die tatsächlichen individuellen Handlungsmotivationen und -auslöser sind, das wurde weiter oben schon ausgeführt, mit einer sozialwissenschaftlichen empirischen Untersuchung nicht zu ermitteln, und genau das belegt das Fallbeispiel auch: Welche Motive Herr Conrad und Herr Mühlenbrock tatsächlich hatten, das beschreiben die beiden Befragten nicht, und es wird auch von anderen Befragten nicht so thematisiert, dass man begründete Aussagen darüber treffen könnte. Dieser, für die Perspektive rationaler Wahl zentrale, Aspekt ist also aus dem empirischen Material nicht zu rekonstruieren. Wenn man sie dennoch als erklärungskräftigste Linie der Interpretation beibehalten wollte, dann würde man an zentraler Stelle mit Unterstellungen arbeiten: dass der Entscheider seinen Nutzen verfolgt, wird wohl so sein.

Mit der handlungstheoretischen Perspektive der begrenzt rationalen Wahl könnten aber auch durchaus passende Beschreibungen des Entscheidungsvorgangs geliefert werden: Genau so könnte Herr Conrad vorgegangen sein. Nicht „pur rational" – dass er alle denkbaren Möglichkeiten durchgespielt hat, ist, weil seine Zeit und seine Informationsverarbeitungskapazitäten begrenzt sind, nicht vorstellbar. Wahrscheinlich ist vielmehr, dass er die Komplexität der Entscheidungssituation so weit wie möglich begrenzt hat: Er hat bestimmte Möglichkeiten, das wird weiter unten noch deutlicher werden, komplett ausgeblendet (ob er das absichtlich getan hat oder ob er sie einfach vergessen hat, das ist für Außenstehende nicht zu beurteilen). Er hat Kriterien so, wie er sie versteht und braucht, definiert. Dass dabei Inkonsistenzen in der Argumentation entstehen, ist unerheblich – schließlich muss er keine lückenlos logische, sondern eine nachvollziehbare Begründung seiner Entscheidung anbieten. Sehr wahrscheinlich sind aber noch weitere Einschränkungen der Rationalität seines Vorgehens zu konstatieren. Mit Blick darauf sollen nun kurz ein paar weitere Überlegungen zu den Grenzen und Funktionen von Rationalität angestellt werden.

3.2.3 Legitimationen und Rationalitätsfiktionen

Wenn man die Analyse des Falls im ersten Schritt zusammenfasst, heißt das also: ein Plan, eine bewusste Kalkulation von Möglichkeiten, ein zielgerichtetes und nutzenorientiertes Vorgehen des Entscheiders ist denkbar, aber nicht hinreichend belegt. Ebenfalls nicht belegt werden kann, dass der Entscheider gar keinen Plan hatte, dass er im Affekt oder aus Routine gehandelt hat, oder dass sich die Entscheidung zufällig ergeben hat. Eindeutig belegt sind hingegen rationalisierende Darstellungen des eigenen Vorgehens und des Vorgehens anderer. Eine Deutung des Entscheidungsgeschehens, die Rationalität einbezieht, aber abschwächt, ist daher nahe liegend. Die Entscheidung ist Herrn Conrad vermutlich nicht irgendwie zugestoßen, sie wird ihm nicht einfach passiert sein. Vielleicht hat er Gelegenheiten genutzt: In dem Moment, in dem zum Beispiel eine Beförderungsstelle frei war, hat er spontan und ohne Rücksicht auf Verluste den „Überflieger" vorangebracht. Durch die Reorganisation (nächste Gelegenheit) ergaben sich dann eine Fülle von Begründungsmöglichkeiten, ihn fest auf der Stelle zu verankern. Dann hätte er nicht vorausschauend und bedacht gehandelt, aber durchaus nutzenorientiert. Vielleicht hat Herr Conrad sich in diesem Sinne auch „durchgewurstelt" und immer wieder Teilentscheidungen getroffen, die in der jeweiligen Situation gut zu begründen waren und die sich dann in einem Aneinanderreihen von schrittweisen (inkrementalistischen), überschaubaren, kleinen Entscheidungen zu der „Gesamtentscheidung" verdichtet haben, ohne dass es je eine umfassende Überlegung, Planung oder Strategie gegeben hätte (Lindblom 1969; vgl. auch Schimank 2005, Schimank/Wilz 2008). Auch die Tatsache, dass die Kriterien der Entscheidungsfindung zum Teil unterschiedlich inhaltlich gefüllt und auf die einzelnen Personen angewandt werden, ist letztlich immer noch, ja gerade, ein rationales Vorgehen: Um „reine Rationalität" geht es nicht (dann hätten die Kriterien gleich bleibend und gleich bewertet sein müssen). Es geht aber um die vorausschauende und rückblickende Rationalisierung der Entscheidung – und zwar der Inhalte und des Verfahrens. Daher ist, so kann man an dieser Stelle der Fallanalyse schlussfolgern, eine Entscheidung in einer Organisation immer irgendwie an Rationalität gebunden, und das aus folgendem Grund:

Organisationen stehen, anders als andere soziale Zusammenhänge, zum Beispiel Liebesbeziehungen, immer unter einem Rationalitätsvorbehalt. Die Annahme von Rationalität gilt nicht (zumindest in soziologischer Sicht nicht) mit Blick darauf, dass Organisationen in ihren Strukturen und in ihrem Handlungen immer rational – vernünftig, zweckorientiert usw. – *sind* und sein sollen. Sie gilt aber sehr wohl mit Blick darauf, dass Organisationen als Akteure und die in ihnen agierenden Akteure immer angemessen begründen können müssen, was sie tun. Anders als in privaten Beziehungen ist es in Organisationen zum Beispiel nicht möglich, eine Entscheidung damit zu begründen, dass man gerade keine Lust habe oder dass man mit einer Kollegin nicht mehr zusammenarbeiten wolle, weil man sich nicht mehr viel zu sagen habe. Ebenso wenig ist es möglich, vollkommen sachfremde Erläuterungen für irgendetwas heranzuziehen. Notwendig ist vielmehr, eine Begründung vorzubringen, die so kommunikativ anschlussfähig ist, dass sie einen sachlichen, so weit vernünftigen Gehalt hat, den alle Organisationsmitglieder teilen. Das heißt: Das Entscheidung-Treffen ist, wenn überhaupt, dann immer ein Vorgehen begrenzter Rationalität. Es steht aber, zumindest in Organisationen, auch nicht außerhalb von Rationalität: Begründungen für Entscheidungen müssen reflexiv einholbar und nachvollziehbar sein – Organisationen und ihre Akteure müssen immer in der Lage sein, sich Rechenschaft darüber abzulegen, was sie tun. Es heißt also, um es noch einmal zu betonen, dass Entscheidungen immer für andere nachvollziehbar sein müssen, und es heißt, dass eine Intention dahinter stehen muss. Die Richtung: dass es zuerst das Problem gab, die Intention und das Kalkül, und dann die Entscheidung und ihre kommunikative Vermittlung, ist möglich. Ebenso möglich ist aber, dass es sich genau umgekehrt verhält: Entscheidungen werden erst rückwirkend legitimiert.

Sie werden nicht, so kann man das Entscheiden auch verstehen, sich um- und vorausschauend rational getroffen, sondern sie werden an der Vorstellung, der übergeordneten Norm, der Rationalität ausgerichtet und entsprechend formuliert. Sie müssen legitim sein, und das sind sie, wenn sie „rational" sind – oder zumindest so erscheinen. Diesen Gedanken hat Brunsson (1982, 1985, 1989, 2007) immer wieder vorgebracht: Entscheidungen sind, so betont er, nur die halbe Miete; die andere Hälfte besteht im Tun. Gerade in Organisationen geht es darum, „to choose the right thing and to get it done" (Brunsson 1982: 37): es geht weniger um einen kognitiven Prozess, in dem die beste aller möglichen Entscheidungen getroffen werden soll, diese Erwartung kann weder von Individuen noch von Organisationen selbst erfüllt werden. Es geht vielmehr darum, dass immer weiter gehandelt wird. Und das ist nur möglich, wenn Entscheidungen a) an den „Ideologien" der Organisation orientiert sind und b) beachtet wird, dass die Rationalität des Entscheidens eine andere ist als die des Handelns. Damit gehandelt wird, so Brunsson, muss man mit den Konsequenzen der Entscheidung beginnen, und nicht zuerst ein Ziel und Wege, wie es am besten erreicht werden kann, definieren: „The objectives", sagt er, „are arguments, not criteria for choice, they are instruments for motivation and commitment, not for investigation." (ebd.: 35). Der Anspruch an Rationalität, der für Organisationen unverzichtbar ist, wird also nicht auf der Ebene der Inhalte der Entscheidung und des Entscheidens selbst eingelöst, sondern auf den Ebenen der Darstellung und

Kommunikation von Entscheidungen. Entsprechend trennt Brunsson „action" und „talk" in Entscheidungsprozessen: Entscheidungen sind für ihn eine Form der Kommunikation, und das Handeln in Organisationen kann – und wird regelmäßig – von dem abweichen, was in Entscheidungen festgehalten wird. Damit Entscheidungen „durchkommen", werden sie also unter Umständen vom Handeln entkoppelt und/oder rückblickend legitimiert.

Ein weiteres Phänomen, das eng damit verbunden ist und in der kritischen Auseinandersetzung mit der Rationalität von Organisationen eine große Rolle spielt, ist die Fiktion von Rationalität (vgl. zum Beispiel Becker/Küpper/- Ortmann 1988, Ortmann 2004). Fiktionen sind notwendige Bestandteile des sozialen Miteinanders und des Organisierens, sagt Ortmann:

„Wir *müssen* sprechen und handeln, als ob, was gestern sich bewährt hat, sich auch heute und morgen wieder bewähren werde; als ob Kommunikation *nicht* unwahrscheinlich wäre; als ob Konsens herzustellen normalerweise problemlos gelänge. (…) Wir fingieren eine Geltung – von Gründen, Entscheidungen, Bedeutungen, Regeln, Institutionen – in Vorgriffen, die sie sich erst nachträglich (vielleicht) als berechtigt erweist." (Ortmann 2004: 11/13; Hervorhebung i. Orig.)

So zu tun, als ob seine Entscheidung eine rationale Entscheidung gewesen wäre, das ist für Herrn Conrad also eine mehr oder weniger unhintergehbare Anforderung. In seine Entscheidungsfindung mögen sehr persönliche Interessen, Emotionen, subjektive Theorien und ganz genaue Nutzenerwägungen eingeflossen sein. Diese hat er am wenigsten (nämlich gar nicht) kommuniziert. Die Elemente von Alltagstheorien, übergeordneten Diskursen und geteilten Überzeugungen, von denen er – bewusst oder unbewusst – weiß, dass sie von anderen akzeptiert werden, führt er in der Darstellung und Begründung der Entscheidung hingegen an. So ist es in diesem organisatorischen Entscheidungskontext für Herrn Conrad möglich – und notwendig! –, bestimmte Kriterien stark zu machen (Leistung, Qualifikation), andere abzuschwächen oder inhaltlich variabel anzuwenden (vorherige Position, bisherige und künftige Betriebszugehörigkeit) und wieder andere zu ignorieren (zum Beispiel gleichstellungspolitische Diskussionen und das Programm „Führung in Teilzeit"). Mit diesen Beobachtungen geht die Analyse aber bereits deutlich über den Rahmen einer „klassischen" rational-handlungstheoretischen Perspektive hinaus.[30] Zusammenfassend wäre an dieser Stelle eher noch einmal zu betonen: Herr Conrad kann nicht rein rational entschieden haben. Ob er subjektiv rational entschieden hat, das wissen wir nicht, nehmen wir in einer Perspektive rationaler Wahl aber an. Was wir sehen können ist: dass er seine Entscheidungen als rational *darstellt* und dass das intersubjektiv funktioniert.

---

30 Vgl. hierzu weiter Kap. 3.4.

Genau das macht, so kann man also für den ersten Analyseschritt resümieren, eine Entscheidung aus: Reflexivität, Intentionalität und Anschlussfähigkeit im Sinne der jeweiligen subjektiven und der organisatorischen „Rationalität". Auch Rationalitätsfiktionen müssen in gewisser Weise noch rational sein, und zwar in dem Sinne, dass sie innerhalb der Organisation (und darüber hinaus) anschlussfähig sind. Nur Deutungen, denen sich alle anschließen können, und die nicht komplett privat oder mit Deutungen behaftet sind, die gänzlich außerhalb der Organisation liegen, funktionieren, und nur dann kommen Entscheidungen (und Organisationen) zustande. Natürlich beinhaltet aber nicht alles Entscheiden „nur" ein Rationalisieren ex post. Es wird immer auch eine Rationalität des Entscheidens im vorhinein geben – Herr Conrad könnte sehr gut nachgedacht und sehr begründet ausgewählt haben; dass er das nicht getan hat, ist ebenso wenig belegt wie, dass er es getan hat. Und es mag – oft genug – vorkommen, dass es eine Form der inhaltlichen Rationalität gibt, die sich aber im Laufe der Zeit, über den Entscheidungsprozess hin, verschiebt: Jemand ändert seine Meinung, setzt sich neue Ziele, lässt sich auf einen Kompromiss ein usw. So kann Wandel, namentlich intendierter, stattfinden.

Im nächsten Schritt der Analyse soll nun vom Begriff der Rationalität ein Stück abgerückt werden. Die Perspektive rationaler Wahl, das wäre eine Linie der Kritik, ist entweder so eng gefasst, dass sie empirisch nicht recht brauchbar ist, oder sie ist so vielschichtig und differenziert, dass der Kern des Ansatzes nicht mehr in „Rationalität" zu bestehen scheint. Mit der Diskussion der kritischen Verabschiedung oder Erweiterung des Rationalitätsgedankens ist auch eine zweite Kritiklinie bereits angesprochen: bestimmte Elemente des Entscheidens werden in der Perspektive auf den individuellen, reflexiven und intentional vorgehenden handelnden und entscheidenden Akteur nicht stark genug beachtet: das „soziale Miteinander" der Akteure zum Beispiel und die Frage, wie Fehlentscheidungen oder Entscheidungen, die so niemand gewollt hat, zustande kommen. In den nächsten beiden Schritten soll daher noch detaillierter betrachtet werden, wie genau Entscheidungen getroffen werden, wie Situationen gedeutet und Rationalitäten „von innen" und „von außen" in Übereinstimmung gebracht werden, und das zunächst mit Blick auf das Mit- und Gegeneinander der Akteure in Organisationen.

Exkurs: Entscheidungen aus Zufall, Entscheidungen als Reaktion auf Erwartungen

Es gibt, das kann hier nur ganz kurz angeführt werden, Modelle und Verständnisse des Entscheidens, die explizit *nicht* davon ausgehen, dass Entscheidungen als das Resultat des (wie auch immer begrenzt) vernünftigen Denkens und Handelns von Akteuren anzusehen sind. Im Garbage Can-Modell des Entscheidens beispielsweise haben Cohen, March und Olsen (exemplarisch: Cohen/March/ Olsen 1972, March/Olsen 1976, 1986) eine andere Sicht auf das Entscheiden ausgearbeitet: Probleme, über die entschieden werden müsste, Lösungen für diese Probleme (also Entscheidungsmöglichkeiten, Alternativen) und Akteure, die die Entscheidungen zur Problemlösung treffen könnten, treffen in diesem Modell zu verschiedenen Gelegenheiten aufeinander. Je nachdem, wann und wie die „Ströme" von Lösungen, Problemen, Gelegenheiten und Teilnehmern zusammenfließen, welche Akteure also bei welcher Gelegenheit und zu welchem Zeitpunkt mehr oder weniger zufällig aufeinander treffen, werden bestimmte Probleme thematisiert, andere nicht, und je nachdem, welche Akteure und Probleme aufeinander treffen, fallen dann Entscheidungen (und zwar dadurch, dass Probleme gelöst oder übersehen werden, oder dass man sich ihnen durch Flucht entzieht). In diesem Modell spielt der Faktor Zeit eine große Rolle, denn das Entscheidung-Treffen ist eingebettet in den zeitlichen Fluss des Organisierens; Entscheidungen werden nicht gezielt und seriell abgearbeitet, sondern gleichzeitig, neben- und unabhängig voneinander. Sie ergeben sich unter je gegebenen Umständen und durchaus en passant, und es gibt keine klaren und systematischen Zusammenhänge zwischen Problemen und Lösungen, zwischen Entscheidungen und den je typischen Entscheidungsgelegenheiten und zwischen Entscheidungen und den je für sie zuständigen Entscheidungsbefugten. Man könnte also zuspitzen, dass Entscheidungen hier im Kern auf Zufall (Probleme und Lösungen finden irgendwie zueinander) beruhen. Ganz zufällig kommen Entscheidungen aber natürlich nicht zustande: Auch hier ist durch die organisationale Rahmung vorstrukturiert, was als Problem und was als Lösung angesehen werden kann. Diese Perspektive auf das Entscheiden hat einiges gemeinsam mit der strukturationstheoretisch basierten Sicht auf das Entscheiden, die in Kap. 3.4 entwickelt wird.

Ein anderer Ansatz, der nicht mit der Rationalität von Entscheidungen und Akteuren rechnet, ist die Perspektive der neueren Systemtheorie auf das Entscheiden. Luhmann schlägt vor, Entscheidungen nicht mehr als präferenzorientierte Wahl zwischen Alternativen zu definieren, sondern als auf Erwartungen reagierendes Verhalten. In seiner Sicht macht das Entscheiden aus, dass es an Erwartungen und Prognosen über die Auswahl von Handlungsalternativen ausgerichtet ist. Eine Entscheidung besteht aber nicht in der Selektion von Alternativen, so Luhmann, sondern sie macht deutlich, dass beide Möglichkeiten des Handelns bestehen (das nicht-Gewählte, Ausgeschlossene wird immer mit thematisiert); sie ist ein Ereignis, das die Differenz zwischen zwei Möglichkeiten sichtbar macht. Mit der Entscheidung wird Kontingenz (grundsätzlich ist alles so, aber auch anders möglich) transformiert und es wird festgelegt, welche künftige Entscheidung getroffen werden kann (nämlich nur eine solche, die an anschlussfähig ist an eine bereits getroffene). Das, so Luhmann, macht Organisationen als soziale Systeme aus: dass sie aus kommunizierten Entscheidungen bestehen, die aneinander anschließen. In einem auf sich selbst bezogenen Prozess (eine Entscheidung ist das, was eine Organisation als Entscheidung ansieht) werden Entscheidungen auf Entscheidungen getroffen; das wirkt Struktur bildend und hält die Organisation am Bestehen (vgl. Luhmann 1984, 1988, 1993, 2002, 2005). In systemtheoretischer Perspektive ist eine Entscheidung also a) nicht an einen Akteur gebunden, sondern eine von Akteuren unabhängig bestehende Form der Kommunikation, b) ein Ereignis, das an Erwartungen ausgerichtet ist und das Kontingenz thematisiert und transformiert und c) das zentrale Struktur bildende Element von Organisationen.

Beide wichtige Perspektiven auf Organisation und Entscheidung werden hier nicht vertieft – aus Platzgründen, aber auch, weil hier eine Vorentscheidung getroffen wurde, die mit der systemtheoretischen Organisationsforschung nicht kompatibel ist: dass nämlich das Handeln von Akteuren in Organisationen nicht nur relevant ist, sondern dass das Entscheiden auch an Akteure gebunden ist, und dass sowohl die Akteure als auch das Handeln und die Strukturen im Organisieren zusammengehen (und nicht getrennt voneinander zu betrachten sind). Akteure, um es theoretisch auf den Punkt zu bringen, werden hier als konstitutiv für Organisationen betrachtet und nicht als ihre Umwelt.

3.3 Entscheiden als mikropolitischer Prozess

Wenn man das Handeln von und in Organisationen beobachtet, egal, ob als außenstehende/r Beobachter/in oder als in die internen Prozesse eingebundenes Organisationsmitglied, dann kann es durchaus vorkommen, dass man die Dinge, die sich dort zutragen, mit einem „Das ist doch schon wieder nichts als Politik!" kommentiert. In der Tat ist „Politik" etwas, das eng mit Organisationen verbunden ist: Organisationen betreiben Politik, sie sind Akteure in allen denkbaren politischen Feldern. Und in Organisationen spielen sich politische Prozesse ab: Akteure mit durchaus unterschiedlichen Interessen stehen einander gegenüber und sind zur Kooperation verpflichtet. Das bedeutet, dass sie ihre Meinungen austauschen und über unterschiedliche Ziele und Interessen verhandeln müssen, wenn sie eigene und/oder gemeinsame Ziele definieren und erreichen wollen, und zwar unter den Bedingungen der Organisation. Auf diese internen Prozesse der Zielbildung, der Interessenverfolgung, der Aushandlung, der Entscheidungsfindung, der Konfliktlösung und der Konsensbildung konzentrieren sich Organisationsanalysen in der Perspektive eines mikropolitischen Ansatzes. Im Gegensatz zu der alltagsweltlichen Einschätzung, es handele sich dabei um „nichts als Politik" oder „nur um Politik", wird hier unter Politik aber keine Abweichung von den sachorientierten, „korrekten" Prozessen innerhalb der Organisation verstanden. Gemeint ist nicht etwas, das irgendwie neben der „eigentlichen" Organisation stünde. Alle organisatorischen Prozesse werden vielmehr als grundsätzlich konflikthaft verstanden und es wird versucht, von diesem Ausgangspunkt aus zu erklären, wie in Organisationen dennoch geordnete, zielführende, konsenshafte Prozesse zustande kommen. Ein zentrales Moment in solchen mikropolitischen Aushandlungsprozessen ist Macht, über die Akteure verfügen, die sie anstreben und die sie strategisch einsetzen können.[31]

Auch in diesem Analyseschritt stehen also zunächst handelnde Subjekte mit je eigenen Rationalitäten innerhalb von organisatorischen Strukturen im Mittelpunkt. Der Fokus wird nun aber a) in Richtung der Konstellation von Akteuren verschoben, b) darauf, wie sich die Beziehungen zwischen den Akteuren unter je gegebenen organisatorischen Bedingungen ausgestalten und c) wie die Akteure mit- und gegeneinander handeln. In mikropolitischer Perspektive hätte Herr Conrad als (wie begrenzt auch immer) rationaler Akteur Aushandlungen mit anderen Akteuren zu führen – und dass das im gegebenen Fall so war, ist mehr als wahrscheinlich. Der „Überflieger" Herr Goeke selbst, das wird aus dem Material deutlich, ist zum Beispiel ein hoch relevanter mikropolitischer Akteur. Im Fasching, erzählt er, hat er seinem Chef vorausgesagt, dass eine bestimmte Form der Arbeitsorganisation nicht zu halten sein würde (und so kam es). Er thematisiert selbst (und die anderen Befragten tun das auch), dass er sich mit dem Gedanken getragen hat, das Unternehmen zu verlassen. Herr Goeke hat also fachliche Überlegenheit demonstriert, und er hat Exit- und Voice-Optionen genutzt[32] – und damit in verschiedener Hinsicht Einfluss geltend gemacht. Die Rationalität des einzelnen Entscheiders kommt demzufolge nicht unabhängig von seiner Einbettung in mikropolitische Prozesse und organisatorische Strukturen zum Tragen, und zwar darüber hinaus, dass die anderen in die eigene Kalkulation einbezogen werden. Der entscheidende Faktor in diesem Analyseschritt ist damit: dass sich die Akteure ins Spiel bringen und versuchen, Macht auszuüben (vor allem mit Blick darauf, Einfluss auf andere nehmen zu können, mitdefinieren zu können, was in welcher Hinsicht wie wichtig ist).

---

31 Diese Vorstellung von Organisation haben, nach Burns (1961), Cyert/March (1963) und March (1962), maßgeblich Crozier und Friedberg (1993) entwickelt. In der deutschsprachigen Forschung wurde das Konzept der Mikropolitik hauptsächlich von Ortmann und anderen (Küpper/Ortmann 1988, Neuberger 1995, Ortmann 1995, Ortmann/Windeler/Becker/Schulz 1990) entwickelt.
32 Die Unterscheidung der Handlungsformen „exit", „voice" und „loyalty" hat Albert Hirschman (1970) eingeführt. Sie wird weiter unten noch einmal aufgegriffen.

3.3.1 Spiele und Aushandlungen

Die analytische Perspektive wird mit dem mikropolitischen Ansatz nun also stärker auf ein Kollektiv von Akteuren gerichtet. Hier werden mehrere Akteure fokussiert, die in Beziehungen zueinander stehen und mit- und gegeneinander handeln. Rational Choice- und mikropolitische Ansätze treffen sich zum einen in der Annahme, dass Akteure Träger von Entscheidungen sind und zum zweiten darin, dass handelnde Akteure einen Nutzen verfolgen, und zwar in aller Regel ihren eigenen. Dieser Nutzen ist weder von vornherein gegeben noch unveränderlich; er ergibt sich (auch) aus den Restriktionen der Situation, den „strukturellen Zwängen", denen der handelnde Akteur unterliegt. Kein Akteur ist „frei" in seinem Handeln und Entscheiden, keiner handelt nach persönlichen Interessen und Strategien, die gegeben sind und „einfach" durchgeführt werden können. Er ist aber ein autonomes handlungsfähiges und handelndes Subjekt: Jeder und jede Handelnde verfügt über ein gewisses Maß an „Freiheit", sich auch anders zu verhalten und zu entscheiden: „(...) der individuelle Akteur (ist) ein frei Handelnder, der in all seinen Tätigkeiten (...) seine Fähigkeit zur Berechnung und Entscheidung bewahrt, das heißt, seine Fähigkeit, Strategien zu entwickeln, die aus seiner Sicht rational sind." (Crozier/Friedberg 1993: 58) Genau darin liegt eine der Ursachen für Macht: sie auszuüben heißt (unter anderem), sich auch anders verhalten zu können und den oder die andere/n nicht wissen zu lassen, was man tun wird. Macht ist, so Crozier/Friedberg, ein „relationales Phänomen", das dadurch zustande kommt, das Akteure dazu in der Lage sind, die „Unsicherheitszonen" der anderen zu kontrollieren (sie also in einem größeren oder geringeren Maße unter Unsicherheit handeln und entscheiden zu lassen).

Die Erweiterung der Fallanalyse durch eine mikropolitische Perspektive liegt im Vergleich zur Analyse mit dem Fokus auf Rational Choice-Ansätzen also vor allem darin, dass sie folgende Dimensionen des Handelns und Entscheidens in Organisationen stärker akzentuiert: a) Sie erweitert die Perspektive explizit auf die Konstellation von Akteuren, b) sie erweitert sie auf die Interaktion von Akteuren (Prozesse der Aushandlung, der Kompromissbildung, der Entscheidung), c) sie sieht beides eingebunden in den strukturellen Rahmen der Organisation und d) sie bezieht den Aspekt der Macht(-beziehungen) explizit in die Analyse von Prozessen des Entscheidens und Organisierens mit ein.

In dieser Perspektive ist die Organisation entsprechend zunächst ein Handlungssystem: Akteure handeln. Sie tun es aber immer nur in dem Rahmen, den die Organisation vorgibt. Die Organisation besteht also aus Handlungen, und sie besteht aus den Strukturen, die das Handeln begrenzen und ermöglichen:

„Die strukturellen Merkmale einer Organisation", so Crozier/Friedberg, „bestimmen und strukturieren den Wirkungskreis von Machtbeziehungen zwischen den Mitgliedern der Organisation und definieren so die Bedingungen, unter denen diese miteinander verhandeln können. Sie bilden die Zwänge, die allen Teilnehmern auferlegt sind. Zunächst ermöglicht die Organisation die Entwicklung von Machtbeziehungen und begründet ihre Dauer. Wie wir sahen, gibt es keine Macht als solche. Sie kann sich nur in einer Beziehung auswirken, mit der sich zwei Akteure freiwillig aneinander binden – oder sich bereits aneinander gebunden finden –, um eine bestimmte Aufgabe zu erfüllen. (...) Macht und Organisation sind somit unauflöslich miteinander verbunden." (Ebd.: 46f.)

Von diesem Ausgangspunkt aus haben Crozier und Friedberg im Rahmen ihres Ansatzes der „strategischen Organisationsanalyse" die Metapher des Spiels zur Charakterisierung von Organisationen eingeführt. „Auf eine Kurzformel gebracht", so Ortmann/Windeler/Becker/Schulz (1990: 55), „wird hier eine Organisation betrachtet

- als eine Gesamtheit miteinander verzahnter Spiele, die kontingente, d.h. relativ autonome menschliche Konstrukte darstellen und
- durch ihre formalen und informellen Spielregeln eine indirekte Integration der konfligierenden Machtstrategien der Organisationsmitglieder bewirken."

Die Organisation stellt also die Spielregeln zur Verfügung. Nach diesen Spielregeln spielen die einzelnen, von unterschiedlichen Interessen geleiteten und an ihrem eigenen Nutzen orientierten Akteure ihr Spiel. Die Akteure haben, um im Bild zu bleiben, verschiedene Karten auf der Hand: Jemand, der in der organisatorischen Hierarchie höher angesiedelt ist, hat ein besseres Blatt, als jemand der in der Hierarchie ziemlich weit unten steht. Alle Akteure sind aber in einem gemeinsamen Spiel begriffen; das organisatorische Geschehen basiert darauf, dass die einzelnen Akteure in Verhandlungen zueinander treten und dass sie dabei Entscheidungen treffen. Die Karten sind gewöhnlich recht unterschiedlich verteilt, und sie sind, je nachdem, welches Spiel gespielt wird, von unterschiedlicher Bedeutung. Eine Dimension, die in Organisationen grundsätzlich Asymmetrien herstellt, ist die der formalen Hierarchie. Es sind aber auch andere Ressourcen im Spiel, die große Bedeutung erlangen können. Das Verfügen über relevantes Wissen ist beispielsweise ein solcher typischer „Trumpf".

Um ein Beispiel zu nennen, das jede/r aus alltäglichen Erfahrungen kennt: Die Macht, die beispielsweise EDV-Experten haben, ist notorisch hoch. Wenn den in einer Organisation Tätigen mitten in dem Moment, in dem sie einen wichtigen Arbeitsauftrag erledigen, der PC abstürzt, sind sie häufig nicht im Stande, das Problem selbst zu beheben. In dem Moment, in dem jemand in der Hot-Line, die für solche Fälle eingerichtet wurde, ans Telefon geht, beginnen die Verhandlungen: darum, wie schnell das Problem behoben werden kann, wann sich jemand der Sache annehmen kann, ob das vor oder nach der Mittagspause geschehen wird oder erst nächste Woche. Experten in Organisationen, wie diejenigen, die in der Lage sind, PCs in Gang zu setzen, verfügen aufgrund dieses Spezialwissens über Macht – wen sie gegebenenfalls bevorzugt behandeln, ob sie grundsätzlich sofort reagieren oder immer nur nach einer gewissen Wartezeit, ob sie die Zeitfenster ihres Reagierens variieren usw. Den Akteuren stehen also auf der Basis verschiedener Ressourcen (hier: Fachwissen) verschiedene Handlungsoptionen zur Verfügung – und sie bringen diese Ressourcen zu ihrem Nutzen in Verhandlungen ein, in denen die „Gegenseite" ihrerseits versuchen wird, Ressourcen zu mobilisieren (den Experten mit besonderer Freundlichkeit oder Unfreundlichkeit zu manipulieren versuchen, mit übler Nachrede drohen, mit der Aussicht auf Kaffee und Kekse locken u. a.). Eine weitere, hoch relevante Ressource in organisationalen Spielen sind die „Umweltbeziehungen", die ein Akteur hat: Wenn der um die Unterstützung des Computerspezialisten nachsuchende Sachbearbeiter zufällig über eigene Kontakte zu anderen Experten verfügt, ist seine Abhängigkeit geringer – er kann dann immer noch mit Sanktionen drohen oder mit Belohnungen winken, er ist aber gleichzeitig in einer Position, in der ihm auch aus der Möglichkeit, eine externe Lösung herbeizuführen, Verhandlungsmacht erwächst.

Alle Ressourcen (die hier mit Crozier/Friedberg genannten und alle anderen denkbaren) sind, wie gesagt, nicht gleich verteilt, weder innerhalb einer Organisation noch außerhalb. Kein Organisationsmitglied verfügt über gar keine Ressourcen. Immer ist das Verhältnis zwischen Akteuren (und zwischen Ressourcen) relativ, es wird immer in irgendeiner Form etwas ausgehandelt und ausgetauscht. Eine Situation, in der jemand komplett machtlos wäre, ist zumindest in einer „normalen" Organisation nicht vorstellbar. Macht resultiert daher, das ist die Zuspitzung, die Crozier und Friedberg vornehmen, aus der Kontrolle der Unsicherheitszonen anderer. Jeder und jede hat Ressourcen, die er oder sie einsetzen kann, und damit die Unsicherheitszonen anderer kontrollieren kann. Auf diese Weise treten Akteure in (mehr oder weniger offene oder verdeckte) Aushandlungsprozesse ein. Dort werden Informationen getauscht, Koalitionen gebildet, Abmachungen getroffen – all das gehört zu den Prozessen der Entscheidungsfindung in Organisationen dazu. Solche Prozesse spielen sich häufig auf der „informellen Seite" von Organisationen ab: Die Ebene von Klatsch und Tratsch, von informellen Treffen, von Vereinbarungen und Absprachen jenseits des „Dienstwegs". Sie sind jedoch keinesfalls darauf begrenzt, sondern sind immer verbunden mit den formalen Strukturen der Organisation.

Die Spielregeln, die das Spiel leiten, sind also verankert in allen – formalen und informellen – Strukturen der Organisation. Sie sind in zweierlei Hinsicht wichtig: erstens sind sie handlungsleitend im Spiel, und zweitens sind sie Gegenstand der Definition und Veränderung durch Mitspieler. Es gibt bestimmte Spielregeln, an denen sich die Akteure in einer Organisation zu einem gegebenen Zeitpunkt orientieren. Wenn aber lange genug einzelne, machtvolle Akteure oder Akteurgruppen in bestimmter Weise – möglicherweise abweichend – handeln, dann ist eine bewusst herbeigeführte (oder auch eine nicht-intendiert entstehende) Veränderung der Spielregeln möglich. Machtverhältnisse, Spielregeln, Prozeduren der Entscheidungsfindung und damit letztlich die Strukturen der Organisation selbst verändern sich auf diese Weise. Crozier und Friedberg fassen das so zusammen:

> „Das Spiel ist das Instrument, das die Menschen entwickelt haben, um ihre Zusammenarbeit zu regeln. Es ist das wesentliche Instrument organisierten Handelns. Es vereint Freiheit und Zwang. Der Spieler bleibt frei, muss aber, wenn er gewinnen will, eine rationale Strategie verfolgen, die der Beschaffenheit des Spiels entspricht, und muss dessen Regeln beachten. Das heißt, dass er zur Durchsetzung seiner Interessen die ihm auferlegten Zwänge zumindest zeitweilig akzeptieren muss. Handelt es sich, wie immer bei einer Organisation, um ein Kooperationsspiel, so wird das Produkt des Spiels das von der Organisation gesuchte gemeinsame Ergebnis sein. Dieses Ergebnis wird aber nicht durch die direkte Steuerung der Teilnehmer erreicht, sondern durch die Orientierung, die ihnen Beschaffenheit und Regeln des Spiels auferlegen, das jeder von ihnen spielt und in denen sie ihr eigenes Interesse suchen. So definiert, ist das Spiel ein menschliches Konstrukt. Es ist an die kulturellen Muster einer Gesellschaft und an die spezifischen Fähigkeiten der Spieler gebunden, bleibt aber kontingent wie jedes Konstrukt. Die Struktur ist im Grunde nur eine Gesamtheit von Spielen. Die Strategien jedes der Teilnehmer sind nur Spielweisen, und es ist die Beschaffenheit des Spiels, die ihnen ihre Rationalität verleiht. Anstatt also die Funktionsweise einer Organisation als das Produkt einer durch die verschiedenartigsten Prozesse herbeigeführten Anpassung einer Gesamtheit von unterschiedlich motivierten Individuen und Gruppen anzusehen, schlagen wir vor, sie als Ergebnis einer Reihe von Spielen zu betrachten, an denen die verschiedenen Akteure in der Organisation teilnehmen. Die formalen und informellen Regeln umschreiben insbesondere die Gewinn- und Verlustmöglichkeiten eines jeden, und legen dadurch eine Skala von rationalen, das heißt gewinnbringenden Strategien fest, unter denen die Akteure wählen müssen, wenn sie wollen, dass ihre Beteiligung an der Organisation ihren persönlichen Hoffnungen diene oder ihnen zumindest nicht zuwiderlaufe." (Crozier/Friedberg 1993: 68 f.)

3.3.2 Herr Conrad und die anderen

Die Analyse des Falls konzentriert sich nun also nicht mehr auf Herrn Conrad als Akteur und Entscheidungsträger, der exemplarisch betrachtet wird. Sie wird jetzt erweitert um die Konstellation von Akteuren, die im Entscheidungsprozess um die stellvertretende Gruppenleitung bestand. Neben Herrn Conrad als Zweigstellenleiter sind das zunächst Herr Mühlenbrock als Gruppenleiter im Vertragsbereich, darüber hinaus die drei anderen ehemaligen Gruppenleiter (Herr Eistermann, Herr Schreiner und Herr Lambert), dann alle aktuellen und ehemaligen stellvertretenden Gruppenleiter/innen (Herr Goeke, Frau Gudenau, Frau Pietsch, Herr Schäfer und Herr Seitz) sowie eine weitere Mitarbeiterin in der Sachbearbeitung, Frau Scholz. Alle diese Akteure verfolgen, so nimmt der mikropolitische Ansatz an, ihre eigenen Interessen. Sie befinden sich in einer asymmetrischen Anordnung zueinander, sie stehen zum Teil in Konkurrenz zueinander, und sie verfügen über unterschiedliche Ressourcen: über Macht auf der Basis ihrer hierarchischen Position, ihres Wissens (Fachwissen, Spezialwissen, bestimmtes Erfahrungswissen usw.) und auf der Basis ihrer Umweltkontakte (Informationen über Kunden oder andere Unternehmen, Möglichkeiten des Arbeitsplatzwechsels u. a.)

In einer „mikropolitisch" inspirierten Analyse des Falls ist es entsprechend wichtig, diese Konstellation für den Prozess der Entscheidungsfindung zu beobachten und zu fragen: Wer hatte welche Möglichkeiten, Entscheidungen zu treffen? Welcher Entscheidungsspielraum bestand (Entscheidungskorridor)? Wie sind die Ressourcen, die als „Verhandlungsmasse" in den Entscheidungsprozess eingehen können, verteilt? Wer verfügt über welche Ressourcen und wie kann er/sie sie ins „Spiel" einbringen? Wer hat welchen Anteil an der Entscheidungsfindung? Lässt sich erkennen, wer eventuell mit wem koaliert, wer wie etwas aushandelt? Und: Lässt sich herausarbeiten, wer die Spielregeln definiert?

Lese- und Arbeitshinweise

Gehen Sie an dieser Stelle wieder in das Material zum Fall zurück. Wichtig sind hier a) erneut der Auszug aus dem Gespräch mit Herrn Mühlenbrock, b) dann die Auszüge 3 und 8 aus dem Interview mit Herrn Conrad, darüber hinaus c) die Auszüge 1 und 4 aus dem Gespräch mit Herrn Goeke, d) der Auszug aus dem Gespräch mit Frau Adler und e) die Auszüge aus dem Gespräch mit Frau Scholz. Die Konstellation der Akteure lässt sich anhand der Organigramme nachvollziehen (Kap. 2.4.1), die Abfolge der Ereignisse während des Reorganisationsprozesses anhand der Beschreibung in Kap. 2.3.2.

Ein erster Punkt, der für die Analyse des Problems der Besetzung der stellvertretenden Gruppenleitung in mikropolitischer Perspektive relevant ist, ist, dass in der Tat ein Entscheidungskorridor existierte: *Dass* Umbesetzungen nötig waren, und auch, dass einer der Gruppenleiter nun Stellvertreter werden würde (und nicht etwa zurück ins Glied der Sachbearbeitung umgesetzt würde), und zwar derjenige, der zuletzt Gruppenleiter geworden war, wird von allen Befragten als so selbstverständlich betrachtet, dass es keiner weiteren Ausführung bedarf. Es wird allgemein akzeptiert und nicht etwa in Frage gestellt, dass strategische Entscheidungen der Unternehmensspitze in den Zweigstellen umgesetzt werden. Das gilt auch für die Einschätzung des Verfahrens von Rückstufungen: implizit ist klar, dass das eine hoch problematische Angelegenheit ist, die nicht noch dadurch verschärft werden darf, dass jemand zwei Hierarchiestufen nach unten degradiert wird. Als ebenso unumstößlich wird die organisatorische Notwendigkeit erachtet, die Stellvertreter/innen prioritär nach Maßgabe ihrer fachlichen Spezialisierung auszuwählen – von den Leistungsspezialisten werden nunmehr noch zwei gebraucht, von den bisher drei Bestandsspezialist/innen nur noch eine/r. Dadurch, dass gewisse Regeln und Vorstellungen so klar allgemein geteilt werden, dass sie in keiner Weise zur Disposition stehen, ist der Entscheidungskorridor also von vornherein verengt – theoretisch wären noch viele andere Entscheidungsmöglichkeiten denkbar gewesen, praktisch nicht.

Über die stärkste Machtposition, das ist ein zweiter wichtiger Punkt, verfügt auf dem Papier – also im Hinblick auf die formale Struktur – der Zweigstellenleiter Herr Conrad. In der Darstellung von Herrn Mühlenbrock wird das implizit thematisiert: Einerseits wird, das beinhaltet seine Schilderung, die getroffene Entscheidung nicht in Frage gestellt, konträr diskutiert oder verhandelt:

„(...) da war es also notwendig, also denn diese Stellvertretung zu ersetzen durch den Herrn Goeke und so, so dass also, jetzt zunächst es ja auch darum ging, zwei stellvertretende Gruppenleiter in meine Gruppe zu in-, also eigentlich, wenn Sie so wollen, drei in meine Gruppe zu integrieren, um zu sagen, also, es kann ja nur einer Stellvertreter sein und zwei ist es, bei zweien geht's nicht mehr."

Diese Formulierung bezeichnet die Entscheidung als „notwendig", also als sachliche Folgerichtigkeit, und nicht als Prozess des Nachdenkens, Abwägens und Aushandelns, und sie kommt direkt auf die Umsetzung der Entscheidung zu sprechen. „Und diese Gespräche mussten gut vorbereitet sein und gut vorbereitet werden", fährt Herr Mühlenbrock an dieser Stelle fort, „und das war natürlich Aufgabe vom Zweigstellenleiter, das ist aber auch, ich sag' einfach mal, es ist absolut kompli-, komplikationslos verlaufen." Die Entscheidung stellt also mehr ein Vermittlungsproblem für die Führungskräfte dar, eine kommunikativ zu lösende Aufgabe, als eine „echte" Entscheidung. Das könnte bedeuten, dass die Machtposition dessen, der die Entscheidung getroffen hat, absolut unangefochten ist. Andererseits wird an keiner Stelle formuliert, dass es tatsächlich Herr Conrad war, der die Entscheidung getroffen hat. Herr Mühlenbrock sagt, dass es „natürlich Aufgabe vom Zweigstellenleiter" war, diese Entscheidung mitzuteilen. Das ist aber erst einmal nur ein Hinweis darauf, dass die höchstrangige Person eine Entscheidung von Tragweite zu verlautbaren hat. Herr Conrad selbst rechnet sich die Entscheidung durchaus zu. Aber zumindest von der Formulierung her positioniert sich auch Herr Mühlenbrock als Entscheider: Er schildert, wie *er* in der

Umsetzung der Entscheidung vorgegangen ist und er stellt Überlegungen über das zukünftige Vorgehen an („Dann hab' *ich* 'ne neue Situation, weiß nicht, *noch* nicht, wie die dann zu lösen ist. Aber das muss man dann immer sehen."). Darüber hinaus wird aus den Schilderungen der anderen beteiligten Akteure deutlich, dass mindestens einer der anderen Gruppenleiter, Herr Schreiner, seine Finger ebenfalls im Spiel hatte. Denkbar ist also durchaus, dass es gar nicht Herr Conrad war, der entschieden hat – vielleicht hat Herr Mühlenbrock entschieden, dass Herr Goeke Stellvertreter werden und bleiben sollte, vielleicht ist die Entscheidung auf Herr Schreiners Einfluss zurückzuführen. Das Material belegt jedenfalls, dass diese Akteure beteiligt und hoch wahrscheinlich in Aushandlungsprozessen begriffen waren.[33]

Das Aushandlungspotential, das die betroffenen Akteure, also die stellvertretenden Gruppenleiter/innen, in den Entscheidungsprozess um die Stellenbesetzung einbringen können, scheint auf der Basis der Schilderung von Herrn Mühlenbrock sehr gering zu sein, da der Entscheidungskorridor bereits maximal verengt ist: Die Entscheidung ist getroffen, und zwar auf der Basis der Bewertung der Kandidat/innen durch die Vorgesetzten – die unhinterfragt machtvoll aufgrund ihrer hierarchischen Position sind. Die Ressourcen der „unterlegen" positionierten beteiligten Akteure (ihre fachlichen Qualifikationen, sozialen Kompetenzen, Berufserfahrung und Betriebszugehörigkeit) gehen als „Verhandlungsmasse" in das Entscheiden und die Legitimation der Entscheidung ein und werden durch die Bewertung der Vorgesetzten unterschiedlich stark mit Bedeutung gefüllt. Als zentrales Besetzungskriterium, das wurde bereits thematisiert, wird die Führungsqualität, die Persönlichkeit des „Überfliegers" von Herrn Goeke herangezogen. Als weniger relevant werden die fachlichen Qualifikationen und Erfahrungen von Frau Gudenau und Herrn Schäfer benannt. Zum Ausschlusskriterium werden deren „Mängel" im Führungsverhalten – und die Mutterschaft von Frau Pietsch. Als Begründung für die Entscheidung werden diese Kriterien sowohl von Herrn Conrad als auch von Herrn Mühlenbrock ausführlich vorgebracht, und zwar nicht abstrakt, sondern nahezu ausschließlich mit Blick darauf, wie gut oder weniger gut die einzelnen Kandidatinnen diese Kriterien erfüllen.

Deutlich wird dabei erstens, wie vehement die Qualitäten von Herrn Goeke betont werden. Das kann damit zu tun haben, dass der „Spitzenmann" den anderen wirklich auffällig überlegen ist. Es kann aber auch damit zu tun haben, dass die Entscheidung hoch konfliktreich ist und die Überlegenheit von Herrn Goeke deshalb so stark herausgestellt wird, weil sie den Abstand zu den anderen – die im

---

33 Das ist sachlich auch völlig plausibel. Die Gruppenleiter haben täglich direkten Kontakt und kennen sowohl die Arbeit als auch die Arbeitenden in der Regel besser als die höherrangigen Vorgesetzten – und können daher, völlig legitim, auch gute Gründe für einen Personalvorschlag unterbreiten.

Prinzip genau so gut geeignet sind – so eindrücklich wie möglich markieren muss (wobei das eine das andere nicht ausschließt). Deutlich wird zweitens, dass in der Anwendung der Kriterien ein Teil der Kandidat/innen ausgeschlossen wird. Die Alternativen werden in der Tat abgewogen, und zwar mit dem Ergebnis, dass Frau Pietsch wegen Mutterschaft und Teilzeitarbeit ausscheidet (was nicht hätte sein müssen, schließlich gab es gerade das Programm „Führung in Teilzeit"); Frau Gudenau und Herr Schäfer scheiden wegen Mängeln im Führungsverhalten aus (die jedoch kaum ernsthaft gravierend gewesen sein können, da die beiden über Jahre hinweg die Position innehatten; im Fall von Frau Gudenau wird darüber hinaus durchaus angeführt, dass ihre Position in der Phase der Rundumbearbeitung die schwierigste war, im Fall von Herrn Schäfer wird betont, dass auch er wertgeschätzt wird). Damit sind aber alle Konkurren/tinnen Herrn Goekes aus dem Rennen – und die Definitionsmacht der Führungskräfte, welches Kriterium, welche Regel wie angewandt wird, wer als Mitspieler akzeptiert wird, wird offensichtlich. Dieser Aspekt, wie wer im Spiel bleibt und wie wer die Regeln des Spiels (mit-)definieren kann, soll nun noch kurz vertieft werden.

a) Herr Goeke spielt Trumpf

Dass Herr Goeke einer der aktiven Teilnehmer im Entscheidungsprozess über die stellvertretende Gruppenleitung ist, wird an vielen Stellen der Interviews deutlich. Ein erster Punkt, dem Bedeutung beigemessen werden kann, ist seine Erzählung darüber, wie er im Fasching Umstrukturierung vorausgesagt hat:

„Ich hatte", sagt er, „ich hatte lange vor dieser Umstrukturierung, letztes Jahr Karneval, also Betriebsfeiern nutzt man ja gerne schon mal, um über Dinge zu sprechen, zu denen man sonst keine Gelegenheit hatte, und auf Grund, der Fehlerquoten, die wir hatten im Vertragsbereich, hab' ich eigentlich schon letztes Jahr Karneval gesagt, ich möchte wieder 'ne B-Gruppe in Anführungsstrichen und 'ne L-Gruppe und da tat, der Herr Mü-, der Herr Conrad tat es gleich ab, also nein, das kommt nicht in Frage, weil, das wär 'n Schritt zurück, aus seiner Sicht und, ja, wir haben dann bisschen argumentiert und dann kam ja dann, hat sich's ja doch relativ schnell von selbst gelöst, dann *kam* es so."

Im Kontext informeller Kommunikation weist er also auf Defizite in der aktuellen Arbeitsstrukturierung hin und prognostiziert – gegen die Einwände des Zweigstellenleiters – während der Phase der aufgabenintegrierten Sachbearbeitung die Rückkehr zur funktionalen Arbeitsteilung. Ob Herr Goeke mit dieser Prognose *tatsächlich* höhere Kompetenzen in der Beurteilung arbeitsorganisatorischer Strukturen und Verfahren bewiesen hat, ist offen (es wären auch andere organisatorische Lösungen denkbar gewesen). Sicher ist, dass er eine Gelegen-

3.3 Entscheiden als mikropolitischer Prozess

heit genutzt hat, sich selbst als mitdenkenden und qualifiziert urteilenden Mitarbeiter zu präsentieren und schon einmal in die Schuhe des Chefs zu schlüpfen („*ich* möchte wieder 'ne B-Gruppe"). Offen ist auch, ob er das strategisch getan hat oder ob er Begründungen im Nachhinein rekonstruiert.

Ein zweiter Punkt, der Herrn Goeke als relevante Größe im mikropolitischen Spiel ausweist, ist, dass er Koalitionen bilden kann, und zwar mit mindestens einem hochrangigen Mitspieler. Er berichtet über seine Beförderung:

> „(…) ich meine, ich bin ja jetzt auch noch in der Situation, dass ich eigentlich 'ner Frau mal ihre Stelle weggenommen hab', die Frau Pietsch, die war ja mal stellvertretende Gruppenleiterin von Herrn Schreiner und dann bin ich das ja geworden, und der Herr Schreiner hat das ihr das gegenüber eigentlich begründet, dass sie nur noch, wie war das damals, als sie, als sie Mutter geworden ist, da hat er zu ihr, glaube ich, gesagt, also sie wollte danach halbtags kommen, und da hat er gesagt, also nee, 'n Vertreter, 'n Stellvertretung, die nur halbtags da ist, kann ich nicht gebrauchen, obwohl das in meinen Augen Quatsch ist, aber so hatte sie das, so hat er ihr das gesagt und zu mir kam er dann und sagte, also, ich *tu'* dann was für dich."

Es kann also vermutet werden, dass Herr Goeke einen aktiven Förderer hatte. Darüber hinaus hat er noch einen weiteren Trumpf in der Tasche: Er spielt mit dem Gedanken, das Unternehmen zu verlassen. Von Seiten der Beschäftigten wird die Annahme, langfristig im Unternehmen beschäftigt zu sein, als so selbstverständlich angesehen, dass sie, außer in Konfliktsituationen, überhaupt nicht thematisiert wird. In der Entscheidungsfindung für die Besetzung der stellvertretenden Gruppenleitung werden die Betriebszugehörigkeit und der bisherige beziehungsweise antizipierte Verbleib auf einer Führungsposition, wie bereits erwähnt, unterschiedlich bewertet: In einem Fall ist die Abwesenheit durch Erziehungsurlaub und Teilzeitarbeit ein so ausschlaggebendes Kriterium, dass fachliche und persönliche Qualifikationen gar nicht mehr diskutiert werden. Im Fall des zweiten degradierten stellvertretenden Gruppenleiters wird das Kriterium seiner langen Betriebszugehörigkeit und langjährigen Erfahrung als Stellvertreter thematisiert, aber seiner nicht ausreichenden Führungskompetenz untergeordnet; das Gleiche gilt, in weniger stark abwägender Argumentation, für die andere weibliche Stellvertreterin. Im Fall von Herrn Goeke wird seine erst kurze Zugehörigkeit zum Unternehmen angesprochen, aber nicht als nachteilig bewertet, ebenso wenig wie die von ihm angenommene kurze Verweildauer in der Zweigstelle. Herr Goeke hat also ein Manko – oder einen Vorzug, das ist inhaltlich von außen nicht zu beurteilen: Man weiß nicht, ob er bleibt, und damit hält er die anderen Akteure in einem Zustand der Unsicherheit.

In seiner Selbstdarstellung nennt Herr Goeke zwei übliche Gründe, das gute Betriebsklima und die innerorganisatorischen Entwicklungsmöglichkeiten, die Bindung an ein Unternehmen signalisieren, und er betont die unternehmenskulturelle Ebene: Er sagt, er „fühlt sich wohl". Ob Herr Goeke gegangen wäre, hätte er eine seines Erachtens bessere externe Offerte gehabt und wäre ihm organisationsintern keine sehr konkrete Perspektive, nämlich die Position der stellvertretenden Gruppenleitung, eröffnet worden, das ist nicht zu beurteilen. Deutlich wird aber, dass Herr Goeke Abgrenzungsbereitschaft zu *und* Loyalität mit dem Unternehmen zeigt, und dass er damit – oder trotzdem – die Loyalität des Unternehmens erreicht. Dass Herr Goeke, der „betriebsjüngste" von allen diskutierten Kandidat/innen, befördert wird – während das Argument, zuletzt befördert worden zu sein, bei der Degradierung des ehemaligen Gruppenleiters genau umgekehrt angewandt wird – und das, obwohl (oder gerade weil) er möglicherweise „nicht zu halten" sein wird, das kann zum Beispiel als Indiz dafür ausgelegt werden, dass das Unternehmen an Flexibilität und größerer Kurztaktigkeit der Beschäftigung interessiert ist. Es kann aber auch als Hoffnung gewertet werden, exzellentes Humankapital zu halten, und es beinhaltet ein Moment hoher Funktionalität: Verlässt Herr Goeke die Zweigstelle tatsächlich, werden wieder Freiräume im „Rennen" um Führungspositionen geschaffen, und damit können Motivationen am Laufen gehalten werden, sich durch fachlich hoch qualifizierte Arbeit, Engagement und ein im Rahmen der innerbetrieblichen Normen vorbildliches Verhalten doch immer wieder Karrierechancen zu eröffnen. Herr Goeke, so kann man zusammenfassen, verfügt also über Ressourcen (als passend erachtetes Alter, formale Qualifikation, sichtbares Engagement und Fachwissen, Umweltkontakte), und er kann die verschiedene Möglichkeiten nutzen, diese Ressourcen auszuspielen, seine Meinung ins Spiel zu bringen („voice"-Option) und mit Abwanderung zu drohen („exit"-Option), und die Unsicherheitszonen anderer zu kontrollieren.

b) Frau Scholz spielt nicht mit

Frau Scholz hingegen, eine im Vergleich zu Herrn Goeke wenig jüngere und nahezu gleich hervorragend qualifizierte Kollegin, wird in den Erzählungen um die Besetzung der stellvertretenden Gruppenleitung als mögliche Kandidatin nicht genannt, und zwar, mit einer Ausnahme, von keinem der Befragten. Sie selbst erwähnt ihre Qualifikationen und Ambitionen kurz. Derjenige, der ihre Geschichte ausführlicher thematisiert, ist Herr Goeke: Er spricht über Frau Scholz und berichtet, dass man sie „mit der Pflegepflichtversicherung ausgebremst" habe, dass sie, die beide fachliche Bereiche, Bestand und Leistung, bearbeitet habe, in „jugendlichem Leichtsinn ja gesagt" habe zur Übertragung einer Spezialaufgabe, die sie aus den anderen Gebieten hinausführte. Frau Scholz selbst schildert, dass sie nach einiger Überlegung das neue Spezialgebiet angenommen habe, obwohl es ihrer Meinung nach nicht ihrem fachlichen Schwerpunkt entsprach; sie habe aber „eine Chance gesehen", Neues zu lernen und das „schon sehr interessant" gefunden. Auf die Frage nach Aufstiegschancen im

3.3 Entscheiden als mikropolitischer Prozess

Unternehmen antwortet sie: „keine" und führt aus, dass sie auch nicht direkt die „Intention gehabt" habe aufzusteigen. Enttäuscht sei sie darüber gewesen, dass sich niemand für ihre Fortbildungserfolge interessiert habe, nicht einmal der übliche Blumenstrauß sei zur angemessenen Zeit überreicht worden. Eigene Erwartungen an die Erträge ihrer Bildungsinvestition sind in ihrer Darstellung von vornherein gebremst; Frau Scholz äußert Enttäuschung darüber, für ihre Qualifikationen und ihr Engagement nicht so anerkannt zu werden, wie sie das auf der Basis von Vorerfahrungen („normalerweise") erwartet hatte und keine Blumen bekommen zu haben – und nicht, nicht befördert worden zu sein.

Frau Scholz bringt sich also an dieser Stelle – der Konkurrenz um die stellvertretende Gruppenleitung – nicht selbst ins Spiel, und sie wird auch von niemand anderem zum Mitspielen aufgefordert. Ihr mikropolitisches Engagement erstreckt sich auf andere Felder: Eine Maßnahme der innerorganisatorischen Umverteilung von Arbeitsaufgaben fand sie beispielsweise so unangemessen und „unfair", dass sie sich in der Zentrale beschwert: Die Vorgabe der „Tagfertigkeit", erzählt sie, sei zwischen den Jahren evaluiert worden, und das, so Frau Scholz, sei kein angemessener Zeitpunkt, um die Einhaltung von Leistungsnormen zu kontrollieren. Sie thematisiert also einander widersprechende Normen der Organisation (man erfüllt die Leistungsnorm und versucht, Kundenwünsche zu antizipieren und zu befriedigen versus die Zeit zwischen Weihnachten und Neujahr ist eine Zeit, in der niemand Hochleistungen, auch die Kunden nicht, erwartet), sie bemüht sich, die Interessen der Sachbearbeiter/innen zu vertreten und sie versucht, über das Thema „Leistungserbringung" in Aushandlungen mit anderen Organisationseinheiten einzutreten. Darüber hinaus berichtet sie ausführlich über Druck von oben, über Motivationsprobleme, nachlassende Hilfsbereitschaft unter Kollegen und mangelnde Anerkennung durch die Vorgesetzten. Sie beweist also Engagement, Mitdenken und Sachkenntnis – allerdings auf ganz andere Weise als Herr Goeke. Dieser präsentiert sich selbst als aktiver Gestalter seiner Geschicke, als hoch kompetent mit Blick auf arbeitsorganisatorische Praxen und betriebliche Strategien, als potentielle Führungskraft, die ihren Vorgesetzten fachlich und visionär überlegen ist und die auch auswärtige Optionen hätte. Auch Frau Scholz kann unterstellt werden, dass sie sich prinzipiell externen Optionen nicht verschließt – Arbeitnehmer/innen wissen, dass sie mit zunehmender Qualifikation ihre Arbeitsmarktchancen erhöhen. Sie verfolgt ihre Interessen aber nicht dezidiert, sondern setzt sie ihre Ressourcen vornehmlich in der inhaltlichen Arbeit ein und versucht, für die Defizite, die sie in der Entwicklung der Organisation sieht, Gehör zu finden. Das aber entspricht offenkundig nicht den Spielregeln, die für das zügige befördert Werden gelten.

Daraus lässt sich schlussfolgern: Man kann Mikropolitik „richtig" (Goeke) und „falsch" (Scholz) betreiben, je nachdem, wie die Regeln gerade definiert sind: dem Chef Kontra zu geben ist offensichtlich erlaubt, jedenfalls im Fasching. Sich in der Zentrale zu beschweren dürfte hingegen als kleinkariert wahrgenommen werden, vielleicht als peinlich, vielleicht gilt es sogar als verboten (weil es innere Angelegenheiten nach außen trägt). Darüber hinaus ist es nutzlos gewesen, und zwar mit Blick auf die Sache (die Umverteilung der Aufgabe von den Zweigstellen an die Zentrale wurde nicht zurückgenommen, ungeachtet dessen, ob sie in der Sachdimension angemessen war oder nicht) und mit Blick auf die Positionierung der eigenen Person: Frau Scholz hat also weder ihre Interessen durchsetzen können noch konnte sie sich eine einflussreiche Position für die nächste Runde im mikropolitischen Spiel schaffen.

Zusammengefasst zeigt die Fallanalyse in mikropolitischer Perspektive also, dass Herr Conrad durchaus ein wichtiger Spieler in der Arena ist, er kontrolliert Unsicherheitszonen und hat Definitionsmacht – andere Akteure aber auch. Herr Goeke beweist innerhalb der gegebenen Spielregeln das vielleicht größte Talent: Er hat nicht die besten (der höchste Trumpf, die formale Machtposition, fehlt ihm), aber gute Karten, weil er über relevante Ressourcen verfügt und er spielt sie geschickt aus. Vielleicht ist er aber auch ein „Gewinnler" der Aktivitäten der anderen Spieler, die, um ihren eigenen Nutzen zu verfolgen, Herrn Goeke gewinnen lassen. Nicht ins Spiel gekommen ist Frau Scholz: Sie meinte, die richtigen Karten in der Hand zu halten und hat sie vielleicht auch (Qualifikation ist definitiv ein hoher Trumpf), aber sie hat, um im Bild zu bleiben, die falsche Farbe gespielt. Die Karten der anderen Kandidat/innen waren, so, wie die Spielregeln im Spielverlauf definiert wurden, auf einmal zu schlecht; die Trümpfe, die sie in der Hand zu halten glaubten (Seniorität, Erfahrung auf dem Posten) verloren ihren Wert.

3.3.3 Weiterführungen

In der Analyse des Falls im Rahmen eines mikropolitischen Ansatzes sind bestimmte Aspekte, die zum Handeln und Entscheiden der Akteure dazu gehören, bereits angesprochen, aber noch nicht zum zentralen Thema gemacht worden: zum Beispiel die Bedeutung von geteilten Normen und Interpretationen, das nicht-absichtsvolle Handeln und Entscheiden von Akteuren und das „Interagieren" von Organisation und Akteuren, das immer irgendwie „zusammenpassen" muss. Im Bild des gegebenen Entscheidungskorridors sind begrenzende Regeln und Routinen mitgedacht, und auch im Blick auf das interessegeleiteten (Aus-) Handeln sind Normbefolgung und Normverletzung, Regelbefolgung und Regelverletzung enthalten. Deutlich geworden ist auch, dass handelnde und entscheidende Akteure in der Tat nicht frei und höchst persönlich handelt, sondern im Rahmen der strukturellen Zwänge, die sie umgeben – der Organisation.

Wie in organisationalen Arbeits- und Entscheidungsprozessen unterschiedliche Normen und Relevanzsetzungen ineinander greifen, das soll nun noch weiter betrachtet werden. Es gibt durchaus eindeutige, situationsübergreifend gültige

3.3 Entscheiden als mikropolitischer Prozess

Normen und Interpretationen. Diese werden aber situativ unterschiedlich relevant gemacht, und zwar so, dass sie „passen". Entscheidungen bedürfen, das wurde schon im Versuch der Definition von Entscheidungen festgehalten, der Legitimation und der konsensuellen Absicherung. Dass sie durchsetzbar sind und allgemein akzeptiert werden, ist aber nicht nur auf das (absichtsvolle) Wirken mächtiger mikropolitischer Akteure zurückzuführen, sondern auch auf geteilte Werte und Interpretationen, zum Beispiel auf Vorstellungen exzellenter und erfolgreicher Arbeit. Diese Vorstellungen sind organisationsspezifisch ausgeprägt, sie gründen aber auch in außerorganisatorischen Vorstellungen, und sie geben den sinnstiftenden, normativen und sanktionierenden Rahmen ab, innerhalb dessen legitime Entscheidungen getroffen und umgesetzt werden können. Im Fallbeispiel beziehen sich solche Normen und Interpretationen zum einen auf organisationsintern gängige Vorstellungen von guter Arbeit und Karrierefähigkeit; sie beziehen sich zum anderen, sehr selektiv, auch auf überorganisationale Normen und Vorstellungen wie die der Kundenorientierung, der Exzellenz, der dynamischen Führungspersönlichkeit usw. Im nächsten Schritt soll nun betrachtet werden, wie man dieses „Eingehen" von Normen und Interpretationen in Entscheidungsprozesse empirisch begründen und theoretisch fassen kann. Crozier und Friedberg formulieren das so:

> „Um die Entscheidung für eine Wahlmöglichkeit zu verstehen, muss man nicht erst die beste rationale Lösung aufstellen und dann zu verstehen versuchen, was den Entscheidungsträger daran hinderte, diese Lösung auch zu entdecken oder anzuwenden. Man muss vielmehr die Optionen definieren, die sich ihm aufgrund der Strukturierung des Feldes sequenziell darboten, und dann analysieren, welche Kriterien er bewusst oder unbewusst benutzte, um diese Optionen anzunehmen oder zurückzuweisen." (Crozier/Friedberg 1993: 196)

Diese Sicht bezieht sich nicht nur auf die Entscheidungsgelegenheiten, sondern auch darauf, welche Entscheidung überhaupt gesehen, vorausgedacht werden kann, und sie bezieht sich letztlich wieder auf Definitionsmacht: auf die jeweiligen Grenzen und Möglichkeiten der Definition von gültigen Regeln, der Deutung von Regeln, der Interpretation von Situationen. Im dritten Schritt der Fallanalyse soll dieser Aspekt des Entscheidungtreffens nun in der Perspektive der Strukturationstheorie erörtert werden.[34]

---

34 Der Bezug auf Giddens' Theorie der Strukturation in der Analyse von Organisationsprozessen ist nicht unumstritten, da sie eine Sozial- und Gesellschaftstheorie ist und, zumindest bis jetzt, keine explizite Organisationstheorie beinhaltet. Er ist in der Organisationsforschung aber bereits gut eingeführt, vgl. zum Beispiel: Becker (1996), Becker/Sydow/Wirth (2008), Giddens (1992), Holtgrewe (2000, 2006), Ortmann (1995), Ortmann/Sydow/Windeler (2000), Ortmann/Sydow (2001), Wilz (2002), Windeler (2001); eine Zusammenfassung gibt Walgenbach (2006).

3.4 Entscheiden als soziale Praxis

Im letzten Abschnitt stehen nun also die Akteure, ihr Handeln und ihr Entscheiden „im Rahmen" im Vordergrund. Damit wird der Kontext von organisatorischen Regeln und Ressourcen, Normen und Leitbildern, von geteilten Interpretationen und Handlungsorientierungen betont. Die Situation und der „Rahmen" des Handelns und Entscheidens sind in den beiden bisher erörterten Perspektiven auf das Entscheiden bereits thematisiert worden. Hier soll nun noch weiter betrachtet werden, wie die Entscheidungsfindung und -kommunikation in das Geflecht von Normen und Deutungen und in die Praxis des Organisierens eingebunden ist – und wie sich daraus Entscheidungen auch „ergeben" können, also auch transintentional (neben den bewussten Steuerungsbemühungen der Akteure oder über sie hinaus, in anderer Form als gedacht und geplant) fallen. Im dritten Analyseschritt wird daher der Fokus auf die Ebene des praktischen Geschehens in der Organisation verschoben. Damit wird noch deutlicher werden, dass Entscheidungen kontextabhängig getroffen werden – und zwar nicht (oder: nicht nur) deshalb, weil Entscheider antizipierte Umweltreaktionen in ihre Entscheidung einbeziehen und/oder mit anderen ein Ergebnis aushandeln, sondern, wenn man es ganz zugespitzt formuliert, weil die Entscheidung selbst ein Prozess interaktiven Zusammenwirkens ist.

In diesem Prozess sind die folgenden Dimensionen von Bedeutung: 1.) die Konstellation der Akteure (wer hat, aktiv oder passiv, Anteil am Entscheidungsprozess), 2.) organisatorische und überorganisatorische Regeln und Ressourcen, die im Entscheidungsprozess zum Tragen kommen und hergestellt werden, und zwar in und durch 3.) subjektiven Eigensinn, Alltagstheorien und Erfahrungen der einzelnen Akteure. Darüber hinaus 4.) in geteilten Normen und Interpretationen, in Deutungsmustern der Akteure sowie 5.) im Wissen, das in Arbeitsprozessen, insbesondere kooperativen, erworben, bewertet und weiter prozessiert wird, und schließlich 6.) in (weiteren) Formen der nicht-intentionalen, intuitiven wechselseitigen Bezugnahme der Akteure, zum Beispiel durch habitualisierte Umgangsformen, durch Körperlichkeit und Aufmerksamkeitsstrukturen, die die einzelnen zur Geltung bringen (und die hinter ihrem Rücken eine „Choreografie des Sozialen" (Alkemeyer 2006) entstehen lassen, der sie, bewusst oder unbewusst, folgen).[35]

Alle diese Dimensionen, die hier erst einmal ganz verdichtet aufgeführt sind, spielen eine Rolle in Entscheidungsprozessen, und: sie sind verankert in der alltäglichen Arbeit. Ein zentrales Argument, um den Beispielfall direkt wieder

---

35 Damit werden bereits Bezüge zur neueren praxistheoretischen Diskussion hergestellt. Deren Überlegungen werden im Folgenden zum Teil mit angesprochen, ausführlicher erörtert werden können sie hier aber nicht. Einen Überblick verschaffen kann man sich zum Beispiel mit Alkemeyer (2006), Hirschauer (2004), Hörning (2004), Johnson/Melin/Whittington (2003), Reckwitz (2003), Schatzki (1996), Schatzki/Knorr-Cetina/von Savigny (2001), Whittington (2003, 2006).

aufzugreifen, in Herrn Conrads Begründung dafür, warum er Herrn Goeke befördert hat, war, dass dieser als Führungskraft besonders geeignet sei. Eine der degradierten Stellvertreterinnen sei das nicht, „weil sie sich unwohl gefühlt hat, wenn der Gruppenleiter nicht da war". Auch bei einem anderen Stellvertreter gebe es „Mängel im Führungsverhalten" – wie sich aus den Erzählungen der Befragten zusammentragen lässt, „brüllt der schon mal ins Telefon" und „haut die Akten auf den Tisch". Solche Erzählungen und Beschreibungen von emotionalen Zuständen und der Äußerung von Emotionen sind aber nicht nur im Kontext von Führung bedeutsam (gute Führungskräfte kontrollieren ihre Emotionen, und genau das tut nur Herr Goeke), sondern auch im Kontext von Arbeit und Kollegialität. Gerade in der interaktiven Dienstleistungsarbeit wie der Sachbearbeitung in einer Versicherung sind Normen angemessener Emotionalität eine wichtige Bezugsgröße des Arbeitshandelns: die Qualität der Kundenbetreuung wird gemessen in Freundlichkeit, die Qualität der Kollegenbeziehungen in angemessener Hilfe, über die angemessene Äußerung von Ärger gibt es klare Vorstellungen. Solche Normen und Vorstellungen prägen die Wahrnehmungsroutinen und die Formen der Praxis des Arbeitens und Organisierens. Ihre Logik wird in eben dieser Praxis inkorporiert, und diese definiert damit auch ganz maßgeblich den Möglichkeitsraum für anschlussfähige Entscheidungen.

Die Konstruktion und Bewertung von Kriterien der Auswahl zwischen Handlungsmöglichkeiten ist also nicht nur ein kognitiver und individuell motivierter, bewusst durchdachter Überlegungsprozess des entscheidenden Akteurs. Sie ist auch nicht nur Produkt eines Aushandlungsprozesses, in dem die beteiligten Akteure darum kämpfen, ihre Sicht der Dinge, ihre Deutungen durchzubringen. Sie ist vielmehr auch geteilte Praxis im alltäglichen Arbeits- und im Entscheidungsprozess. Beide Prozesse sind miteinander verkoppelt, und beide nehmen Alltagstheorien, Organisationswissen und Normen auf und stellen sie immer wieder neu her – in den jeweiligen organisationalen Bedingungen, und in der jeweiligen Situation. „Handelndes Zusammenwirken" bedeutet also mehr, als Interessen zu kalkulieren und auszugleichen – es heißt, die „eigene Welt" so hervorzubringen, dass *bestimmte* Entscheidungen möglich (gangbar, passend, und damit sogar: rational, wenn auch nicht zwingend reflexiv) sind.

Im empirischen Fall war, wenn man sich an die von Herrn Conrad zuerst genannten Argumente erinnert, die oberste Priorität, die neuen Vorgaben zur Produktivität der Sachbearbeitung, zur Strukturierung der Arbeitsgruppen und zur Qualität der Kundenbetreuung umzusetzen. Damit werden Deutungen der Fehlerquellen und Definitionen von Kundenzufriedenheit zu Aspekten, die im Zusammenhang mit der Personalentscheidung stehen. Die Zweigstellenleiter müssen daher zunächst für sich klären, was die Entscheidungen des oberen Managements ihrer Meinung nach bedeuten, wie sie sinngemäß umzusetzen sein werden und welche Aspekte dabei Priorität haben. Gleichzeitig müssen sie bedenken, wie die (von ihnen interpretierten) Vorgaben von außen mit ihren lokalen Gegebenheiten – also mit der Art, wie vor Ort gearbeitet wird, mit den Vorstellungen über Produktivität und Kundenzufriedenheit, die in ihrer Zweigstelle kursieren – in Übereinstimmung zu bringen sind. Sie werden darüber hinaus kalkulieren, welche Überlegungen sie außen vor lassen können: So hat beispielsweise offenbar niemand Sanktionen zu erwarten, wenn er/sie gleichstellungspolitische Absichten des Unternehmens nicht mitverfolgt. Herr Conrad zum Beispiel scheint sich dafür entschieden zu haben, eher einem Exzellenzdiskurs, wie er im Management und darüber hinaus geführt wird, zu folgen und die „Überfliegerqualitäten" seines Spitzenmanns zu betonen als auf gleichstellungspolitische Profilierung oder die Bewahrung traditionsreicher Anerkennungspraktiken (die Beförderung dienstälterer, erfahrener Beschäftigter) zu setzen – in der Abwägung von antizipierten Bewertungen seiner Entscheidung wird er nicht als rückständiger Sachverwalter mit Angestelltenmentalität oder gar als Frauenversteher angesehen werden wollen.

Es ist völlig offen, ob Herr Conrad solche Überlegungen bewusst angestellt hat, ob es einen inneren Deutungsprozess gegeben hat, in dem er all diese Elemente der Entscheidung kognitiv durchgespielt hat. Erkennbar ist aber, dass sie zumindest unbewusst eine Rolle gespielt haben müssen. Da die Entscheidung (wenn auch nicht ganz komplikationslos, wie verschiedene Interviewausschnitte zeigen), akzeptiert und umgesetzt worden ist, müssen seine Entscheidung und die die Entscheidung umgebenden Vorstellungen, Deutungen und Wertsetzungen einander in irgendeiner Form entsprechen. Diese Ebene des Ineinandergreifens von Entscheidung und Organisation soll abschließend kurz am Beispiel der Vorstellung von „kontrollierter Emotionalität" analysiert werden. Zuvor müssen aber wieder ein paar theoretische Überlegungen angestellt werden.

3.4.1 Struktur, Handlung, Praxis

Zur Analyse dieses Ineinandergreifens kann eine strukturationstheoretische Perspektive, die insbesondere Ortmann und andere – zum Teil in direkter Verbindung mit dem mikropolitischen Ansatz – in der Organisationsanalyse verwenden, viel beitragen. Ein strukturationstheoretischer Ansatz stellt das Handeln kompetenter Akteure in den Mittelpunkt, betont aber gleichzeitig das Wechselverhältnis von Struktur und Handlung: Die Organisation konstituiert sich als fortwährender Prozess „rekursiver Schleifen"[36], in denen durch das – in die

---

36   Der Begriff der Rekursion bezeichnet ursprünglich die wiederholte Anwendung einer Operation auf das Ergebnis eben dieser Operation in der Mathematik, vgl. Ortmann (1995: 81 ff.). Hier ist gemeint, dass die Ergebnisse des Handelns zur Handlungsvoraussetzung in der „nächsten Runde" des Handelns werden, denn sie haben bestehende Strukturen entweder bestätigt, abgewandelt oder ersetzt und verfestigen sich selbst wiederum zu Strukturen. Somit ist das Ergebnis einer Handlung gleichzeitig Resultat dieser und Grundlage weiterer Handlungen.

3.4 Entscheiden als soziale Praxis

Strukturen der Organisation eingebettete – Handeln der Organisationsmitglieder eben diese Organisationsstrukturen (re)produziert werden, die ihr Handeln ermöglichen. Dieser Prozess ist gekennzeichnet durch Kontingenzen, breite Möglichkeitsspielräume der Entwicklung, durch kontinuierlichen Wandel einerseits und relative Stabilität, ein mehr oder weniger großes Beharrungsvermögen der Strukturen, andererseits. Organisationen bestehen also aus Strukturen (Regeln und Ressourcen) und Handlungen.

Die Vermittlung zwischen Struktur und Handlung wird auf der Ebene der Modalitäten geleistet. Damit sind Modi (also Verfahren, Muster) der Strukturierung gemeint; sie sind: interpretative Schemata, Machtmittel und Normen. Die Dimensionen des Handelns, so differenziert das Ortmann'sche Modell von Organisation im direkten Anschluss an Giddens aus, sind Kommunikation, Machtausübung und Sanktionierung. Jegliches Handeln ist in drei, diesen Dimensionen der Interaktion entsprechende Strukturdimensionen eingebettet: die Struktur der Signifikation (Sinngebung), der Legitimation und der Herrschaft. Da Strukturen aus Regeln und Ressourcen bestehen, lassen sie sich weiter aufschlüsseln in a) in Regeln der Sinnkonstitution (die kognitive Ordnung einer Organisation), b) Regeln der Sanktionierung bzw. Legitimation sozialen Verhaltens (die normative Ordnung) und c) allokative (materielle) und autoritative (Macht-)Ressourcen (die Herrschaftsordnung).

Mit Blick auf die Frage nach der Einbettung des Handelns und Entscheidens der Organisationsmitglieder in die organisatorischen Strukturen ist die Ebene der Modalitäten besonders wichtig. Modalitäten repräsentieren Strukturen im Handeln; sie „übersetzen" sozusagen zwischen Struktur und Handlung. Zum einen sind sie als überindividuelle Deutungs- und Handlungsmuster in Organisationen zu verstehen, zum anderen werden sie von den Organisationsmitgliedern je spezifisch in Anschlag gebracht, sie vermitteln die Strukturen über Subjektivität:

> „Die Akteure vermitteln in ihren Interaktionen die Handlungs- mit der Strukturebene, indem sie Regeln und Ressourcen unter situativen Umständen situationsspezifisch und nach Maßgabe ihrer Biographie und Kompetenz, also auf ganz besondere Weise, zu Modalitäten ihres Handelns machen." (Ortmann/Sydow/Windeler 2000: 319)

Auch die Modalitäten stehen, den Struktur- und Handlungsdimensionen entsprechend, in engen Wechselverhältnissen zueinander. So sind beispielsweise interpretative Schemata eingebunden in Machtverhältnisse, sie werden kommuniziert, können zu Normen werden, die sich in Regeln der Legitimation verfestigen, die sich in sanktionierendem Verhalten niederschlagen, das wiederum über interpretative Schemata in die Sinngebung eingeht usw.

Damit ist theoretisch gefasst, wie Strukturen, Handeln und Akteure „zusammenhängen". In der Analyse von Entscheidungen werden hier nun die Deutungen und Zuschreibungen eines Akteurs zentral, die seine Handlungspraxis konstituieren. Als Handlungsbasis werden also nicht an erster Stelle die Motivationen und Intentionen des entscheidenden Akteurs gedacht, sondern die Praktiken des Akteurs und seiner Umgebung: Wie wird hier, in dieser Organisation, gedacht, wie wird das hier gemacht, seit Neuestem, schon immer, was darf hier sein, was darf gesagt werden, was passt – das sind die Fragen, die sich ein Akteur möglicherweise aktiv stellt und im Abgleich mit den Relevanzstrukturen, die er vorfindet und erkennt, in seinem Handeln und Entscheiden beantwortet. Möglicherweise stellt er diese Fragen auch nicht – und handelt und entscheidet aus seinem „praktischen Bewusstsein" heraus.

Auch Giddens betont, wie Crozier/Friedberg, die Autonomie des handelnden Subjekts. Wahlfreiheit und -zwang bestehen nebeneinander; und die Möglichkeiten der Handlungswahl werden begrenzt durch a) das Unbewusste, Emotionen, b) durch Routinen und c) durch strukturelle Vorgaben. Die Handlungsbasis bleibt dabei immer noch Reflexivität. In strukturationstheoretischer Perspektive wird aber die *Möglichkeit* der Reflexivität betont, die geprägt ist von Normen und Deutungen – es ist sozusagen vorgegeben, was gedacht werden kann, was wahrgenommen werden kann, wie entschieden werden darf. Der Rahmen, der diese Vorgaben macht, ist wiederum intersubjektiv hergestellt, er entsteht durch die Aktivität der Organisationsmitglieder und ihr handelndes Zusammenwirken, nicht durch das rationale Denken und Handeln einzelner. Giddens verweist auf zwei „Eigenschaften" von Akteuren und „Daseinsformen" des Handelns: Reflexivität und praktisches Bewusstsein, also die Möglichkeit und Fähigkeit, Dinge kognitiv und intentional zu tun, und die Möglichkeit, den Dingen ihren Lauf zu lassen, einfach zu handeln, automatisch zu entscheiden, intuitiv zu wissen, was getan werden muss. „Zwischen dem diskursiven und dem praktischen Bewusstsein", sagt er, „gibt es keine Schranke; es gibt nur den Unterschied zwischen dem, was gesagt werden kann, und dem, was charakteristischerweise schlicht getan wird." (Giddens 1992: 57) Das heißt:

> „Es ist die spezifisch reflexive Form der Bewusstheit menschlicher Akteure, die am tiefsten in die rekursive Regulierung sozialer Praktiken eingebunden ist. Die Kontinuität von Praktiken setzt Reflexivität voraus, aber Reflexivität ist umgekehrt nur aufgrund der Kontinuität von Praktiken möglich (…). Deshalb sollte man ‚Reflexivität' nicht bloß als ‚Selbstbewusstsein' verstehen; vielmehr ist damit der Umstand gemeint, dass die Handelnden auf den fortlaufenden Prozess des gesellschaftlichen Lebens Einfluss nehmen." (Giddens 1992: 53)

Hier wird also einerseits dieselbe Vorannahme getroffen wie in Theorien rationaler Wahl, nämlich die, dass „ein menschliches Wesen zu sein, heißt, ein zweckgerichtet Handelnder zu sein, der sowohl Gründe für seine Handlungen hat, als

3.4 Entscheiden als soziale Praxis

auch fähig ist, diese Gründe auf Befragung hin diskursiv darzulegen (oder auch: sie zu verbergen)." (ebd.) Auf der anderen Seite mahnt Giddens zur Vorsicht im Umgang mit Begriffen wie „Zweck", „Intention", „Grund" oder „Motiv", weil allzu leicht die Gefahr besteht, dass das Handeln dann aus seinem zeitlichen und räumlichen Kontext herausgelöst betrachtet wird.[37] Er führt daher weiter:

> „Menschliches Handeln vollzieht sich ebenso wie menschliches Erkennen als eine durée, als ein kontinuierlicher Verhaltensstrom. Zweckgerichtetes Handeln ist nicht aus einem Aggregat oder einer Serie separater Intentionen, Gründen und Motive zusammengesetzt. Es ist vielmehr sinnvoll, Reflexivität in der ständigen Steuerung des Handelns verankert zu sehen, die menschliche Wesen entwickeln und die sie von anderen erwarten. Die reflexive Steuerung des Handelns hängt von seiner Rationalisierung ab, die hier mehr als ein Prozess, denn als ein Zustand oder Bestandteil der Kompetenz der Handelnden verstanden wird." (ebd.)

Betont wird also, dass die Intentionalität, gar das Kalkül, die wie auch immer unvollständige Rationalität des Entscheiders in einer Entscheidungssituation leitend sein kann, aber beleibe nicht sein muss; rationales Entscheiden ist nicht zentral, vielmehr wird auf eine sehr pragmatische Art entschieden, nämlich durch das Tun. Von großer Bedeutung ist dabei das

> „inkorporierte gemeinsame Wissen, das dem Bewusstsein der Akteure nicht direkt zugänglich ist. Das meiste derartige Wissen ist seinem Wesen nach praktisch: es gründet in dem Vermögen der Akteure, sich innerhalb der Routinen des gesellschaftlichen Lebens zurechtzufinden" (ebd.: 55).

Handeln ist also a) ein Prozess, b) eine Praxis (alle tun etwas), und das c) zum Teil bewusst, und zum Teil unbewusst. In der organisatorischen Praxis, die aus vielfältigen Praktiken des Arbeitens, der Kundenkommunikation, des kollegialen Umgangs, des Wissenstransfers usw. besteht, werden die Regeln, die das Handeln leiten und ermöglichen, reproduziert. Auch die Ressourcen, über die die Handelnden verfügen, werden auf diese Weise als (weiterhin) relevant bewertet

---

37 Motive, führt Giddens aus, werden im alltäglichen Handeln nicht gebraucht (da ein Großteil des Alltagshandelns routinisiert abläuft), sie haben nur „unter relativ ungewöhnlichen Umständen eine direkte Auswirkung auf das Handeln" (ebd.) – nämlich dann, wenn „Pläne" oder „Programme" des Handelns erstellt werden. Das klingt natürlich nach genau den Definitionen von Handlung und Entscheidung, die Theorien rationalen Handelns anbieten (zentral ist dort: die Motivation des Akteurs) und die mit der hier vorgetragenen Argumentation überschritten werden sollen. Diese Problematik kann hier nicht weiter verfolgt werden, sie soll aber zumindest erwähnt sein. Der Hinweis, mit dem Begriff der „Motive" vorsichtig umzugehen, ist für das erste Verständnis und die empirische Analyse des Falls angemessener, denn es ist, wie bereits mehrfach deutlich wurde, eben keine empirische Analyse der Motive der Akteure möglich.

oder entwertet. Das heißt, dass man es hier mit Prozessen der Institutionalisierung innerhalb von Organisationen zu tun hat: Normen und Regeln, typische Verfahren, Muster der Interpretation werden von Akteuren wahrgenommen, handelnd bestätigt oder abgeändert, und zwar in alltäglichen Routinen und Praxen – und in Entscheidungen, die in diese Praxen eingebunden sind.

Die Rekursivität von Struktur und Handlung ist also ein zentrales Element der strukturationstheoretischen Perspektive. Dieses Element hat im Wesentlichen in Abgrenzung zu anderen – ausschließlich die Struktur- oder die Handlungsseite betonenden – Theorien Bedeutung erlangt. Es ist aber nicht so, dass Struktur und Handlung in den anderen hier herangezogenen theoretischen Perspektiven nicht in Zusammenhang stünden: Strukturen erwachsen aus dem Handeln der Akteure.[38] Das, was die Strukturationstheorie im Zusammenhang mit der Analyse von Handeln und Entscheiden zusätzlich beiträgt, ist der systematische Blick auf die Modalitäten des Handelns, auf Normen, Deutungen und Interpretationen und auf Machtmittel. Auch diese Dimensionen des Handelns, Entscheidens und Organisierens werden in anderen (handlungs-)theoretischen Ansätzen thematisiert. Dort stehen aber die aktiven, intentionalen Deutungen einzelner Akteure im Vordergrund, fokussiert wird – weitgehend – das bewusste Kalkül. Hier wird die Aufmerksamkeit auf Zusammen*wirken* der Akteure in der Praxis, also nicht einmal explizit: ihr Zusammen*handeln*, gerichtet. Von großer Bedeutung sind entsprechend Regeln des angemessenen Handelns, Routinen und Symbole, und das reflexive *und* praktische Bewusstsein der Akteure. Diese verfügen bewusst über Wissen, sie reflektieren ihr Handeln, aber sie tun die Dinge auch unbewusst – vielleicht entscheiden sie auch unbewusst. Es wird also, stärker als in den anderen theoretischen Perspektiven, eine Verbindung von Interessen und Intentionen der Akteure, von Steuerung und „Evolution", von bewussten und von unbewussten und ungesteuerten (oder: unsteuerbaren) Anteilen im Entscheiden und Organisieren geleistet.

3.4.2 Herr Conrad im Kontext: Kontrollierte Emotionalität

Wie unterschiedlich Kriterien der Entscheidungsfindung definiert und angewandt werden, das ist mittlerweile schon öfter betont worden, ebenso wie die Tatsache, dass hinter einer solchen Definition steht, wie machtvoll ein Akteur und wie bedeutsam eine Ressource im jeweiligen mikropolitischen Spiel ist. An einem Beispiel soll nun betrachtet werden, wie diese Kriterien, die einerseits als expli-

---

38 Es macht allerdings einen Unterschied, ob man das als Aneinanderreihung punktueller Ereignisse oder als Fluss, als Prozess des Handelns fasst. Auch das ist ein theoretisches Problem, das hier nicht weiter verfolgt werden kann.

3.4 Entscheiden als soziale Praxis

zite Kriterien der Entscheidung formuliert werden und die andererseits unbewusst in die Entscheidung eingehen, zustande kommen.[39] Als Beispiel eines interpretativen Musters der Arbeitspraxis und der Entscheidungsbegründung (und des Entscheidung-Treffens?) wird herangezogen, wie Emotionalität – in einem weiteren Sinne: als Gefühl, als Empfindung, als Affekt – thematisiert wird, welche Rolle sie in der alltäglichen Arbeitspraxis spielt und wie sie in der Entscheidungsbegründung aufgegriffen wird. Wenn man ein solches interpretatives Schema genauer betrachtet, kann man zeigen, a) dass das Schema übergreifend existiert (alle nehmen Bezug auf etwas, das schon besteht), b) dass das Schema Bestandteil der Praxis des Arbeitens und des Entscheidung-Treffens, des Managens und Organisierens ist, c) dass darauf Praxis basiert, aus der wiederum interpretative Schemata als Regeln, Leitbilder, Vorstellungen entstehen, die dann wiederum die Praxis anleiten (das rekursive Verhältnis von Struktur und Handlung wird in der Praxis „real"), und d) dass darin Entscheidungen eingebunden sind, die durch subjektive Deutungen und intersubjektive Akzeptanz zustande kommen. Zu beachten ist, dass dieser Prozess immer hin- und zurück pendelt: Sinn, Herrschaftsstrukturen und regulierende Normen sind gleichzeitig dem Deuten und Handeln vorgängig und Ergebnis des praktischen Tun und Handelns der Akteure. Das Handeln der beteiligten Akteure geschieht sowohl routinisiert als auch intentional, und eine Entscheidung ist, wie gesagt, immer Bestandteil dieser (Handlungs-)Praxis. Sie kann nicht „außerhalb stehen", denn sie ist erstens Bestandteil der Praxis und zweitens, innerhalb der Praxis, eine spezifische Praktik, ein typisches, normales Verfahren des Entscheidungtreffens: so und so wird in dieser Organisation normalerweise entschieden. In der Fallanalyse wird hier der Blick auf die das Entscheiden umgebende Praxis gerichtet, da es nicht im Zentrum stand, verschiedene Entscheidungsverfahren zu vergleichen. Die empirisch herausgearbeitete Form des Entscheidens könnte man aber durchaus benennen: Entscheiden in Interaktion.

---

39 Kriterien sind also mehr und anderes als Präferenzen in einem Rational Choice-Modell des Entscheidens. Sie müssen, darauf weist zum Beispiel Luhmann (1984) hin, nur in Konfliktsituationen expliziert werden, was hier der Fall ist. Sie sind aber immer, egal, ob offen oder verdeckt, Bestandteil des Entscheidungsprozesses. Man könnte daraus schlussfolgern, dass Entscheidungen und die Kommunikation über Entscheidungen also überhaupt nur im Konfliktfall notwendig sind. Mit Blick auf die Abgrenzung von Routinen im Sinne Schimanks ist das richtig. Damit ist wieder der Punkt der Unterscheidung zwischen Handlung und Entscheidung angesprochen, der hier nicht abschließend geklärt werden kann (vgl. Kap. 4).

Lese- und Arbeitshinweise

Gehen Sie an dieser Stelle noch einmal in das Material zum Fall zurück. Als Beispiel werden hier herangezogen: a) der „Basis-Auszug" aus dem Gespräch mit Herrn Mühlenbrock, b) die Auszüge 3, 4, 5, 6 und 7 aus dem Interview mit Herrn Conrad, c) die Auszüge 2 und 3 aus dem Gespräch mit Herrn Goeke und d) der Auszug aus dem Gespräch mit Frau Adler und e) der Auszug aus dem Gespräch mit Frau Büchert. Wer die Interpretation an dieser Stelle noch vertiefen möchte, kann sich die Arbeitspraxis in der Sachbearbeitung anhand der Beschreibung aus Kap. 2.3.3 verdeutlichen.

Frau Gudenau „hat sich unwohl gefühlt". Dieses Detail soll nun herausgegriffen werden um zu zeigen, wie die inhaltliche Füllung von Kriterien und die Bewertung von Personen im Entscheidungsprozess in der Praxis des Arbeitens und Organisierens verankert sind.[40] Sowohl Herr Conrad als auch Herr Mühlenbrock begründen die Tatsache, dass Frau Gudenau degradiert wurde, nicht, wie im Fall von Herrn Schäfer, damit, dass sie hinter Herrn Goeke, der einfach überlegen sei, zurückstehen musste. Sie beschreiben vielmehr, dass Frau Gudenau mehr oder weniger freiwillig aus dem Rennen um die stellvertretenden Gruppenleitung ausgeschieden ist, weil sie mit dem Druck, in Vertretung des Gruppenleiters Entscheidungen zu treffen, nicht gut zurechtkam. Das formulieren die beiden Führungskräfte in Begriffen der Emotionalität: Sie „hat sich unwohl gefühlt, wenn der Gruppenleiter nicht da, wenn sie sich hätte beweisen können, müssen", sagt Herr Mühlenbrock; sie „war letztendlich froh, weil (...) so ganz wohl fühlte sie sich nicht" sagt Herr Conrad, „müssen Sie sich vorstellen, meine einzige Frau in der Führung, die war letztendlich froh", dass sie ihren Posten wieder verloren hat. Andere Befragte, zum Beispiel Frau Adler, beschreiben das Gegenteil – dass Frau Gudenau nämlich so wütend war, dass sie die Kündigung in Erwägung zog. Eine Erklärung dafür, warum die Lesart der Entscheidungsträger dennoch so gut „durchkommt", dass es keine größeren Komplikationen gibt, ist, dass die vorgebrachte Begründung gedeckt wird von den allgemein geteilten und gelebten Vorstellungen über die Kontrolle von Gefühlen, und zwar auf der Ebene von

---

40 Man könnte die Beschreibung von Frau Gudenau auch als abwertende Stereotypisierung von Frauen auf der Ebene von weiblicher Körperlichkeit („Unwohlsein") lesen. Hier soll der Blick aber nicht darauf gerichtet werden, dass Frauen Emotionalität und andere Eigenschaften zugeschrieben werden, die sie für Führungspositionen, selbst für eine stellvertretende Gruppenleitung, untauglich machen. Selbst wenn das die „innere Linie" der Entscheider wäre (was sein kann), müsste sie, um Bedeutung zu erlangen, den „Umweg" über die Einpassung in geteilte Normen und Interpretationen gehen.

3.4 Entscheiden als soziale Praxis

Führungsaufgaben, aber auch auf der Ebene der Sachbearbeitung.[41] Die zitierten Einschätzungen, Frau Gudenau habe sich als Stellvertreterin nicht wohl gefühlt, sind also nicht (nur) als eine personalisierte und individualisierte Abwertung Frau Gudenaus zu verstehen (als Person, die nicht in der Lage ist, ein paar sachliche Entscheidungen unter Unsicherheit zu treffen oder in personeller Hinsicht Führungsqualitäten an den Tag zu legen). Die Elemente der Begründung sind vielmehr eingebettet in ein innerorganisatorisch gültiges, überindividuelles interpretatives Schema, das einen besonders hohen Stellenwert in der Selbst- und Fremdpositionierung innerhalb der Zweigstelle des Versicherungsunternehmens (und in Organisationen allgemein) hat: das der Kontrolle von Emotionen.

Die Analyse des Interviewmaterials zeigt, dass das Thema der Emotionalität in verschiedenen Zusammenhängen eine große Rolle spielt. Emotionalität wird als Charakteristikum von Beschäftigten, als Bestandteil der Arbeitsanforderungen und als Element der Konstruktion von Anforderungen an Führungskräfte thematisiert. So werden – von den Führungskräften, nicht von den Beschäftigten – einerseits Frauen stärker als Männer für emotional und daher für weniger belastbar gehalten. In einer Formulierung des Zweigstellenleiters heißt es beispielsweise:

„Auch ob jetzt, sagen wir mal so, Konfliktgespräche, die man dann mal so hat, ne, wo man also, sagen wir mal, wo man ja mit Männern genauso wie mit Frauen (…) sind das halt die Frauen, wo ich einfach, wo ich da einfach anders, anders, rangehe, ne, wo, wo man auch eher mal *Tränen* sieht als bei 'nem Mann, ne, in so 'ner Situation. Das ist einfach so, das sind einfach Erfahrungen, die man so macht, über die Jahre Führungs-, in Führungspositionen, die Frauen sind viel, viel mehr, sag' ich mal, fast mit dem Herzen dann dabei sind, ja, wenn sie irgendetwas vortragen als 'n Mann, der das 'n bisschen rationaler wohl sieht, sag' ich mal so, ne."

Andererseits werden, sowohl von männlichen als auch von weiblichen Beschäftigten und auch von den Führungskräften Emotionen als Bestandteil alltäglicher Arbeitspraxis ausgeführt. Emotionen tauchen immer wieder auf, und zwar sowohl im Verhältnis zu Kolleg/innen (da gibt es Ärger oder Stresssituationen) als auch in Gesprächen mit Kund/innen (zum Beispiel Ärger über ungerechtfertigte Beschwerden oder emotionale Belastungen durch Gespräche mit sehr alten oder kranken Menschen). Nahezu alle Befragten führen aus, dass sie solche Emotionen haben; sie führen aber ebenso aus, wie unangemessen es ist, Emotionen zu

---

41   Weitere Gründe sind natürlich denkbar: dass Frau Gudenau wirklich froh war und die Wut über ihre Degradierung pflichtgemäß inszenierte, dass sie fachlich nicht gut genug war und alle darum wussten, dass die Macht der Entscheider so groß war, dass ihre Begründungen nicht kritisch hinterfragt wurden usw. Die hier vorgestellte Erklärung ist diejenige, die sich aus dem Material begründen lässt.

äußern: Für alle gilt die Anforderung, freundlich zu sein und Ärger nicht ungebremst auszuagieren, sondern sich zu beherrschen und kontrolliert zu bleiben, um die Standards, die an Arbeitsleistung und Kollegialität gestellt werden, zu erfüllen – auch, wenn sie das emotional belastet. So sagt Frau Büchert über ihr Verhalten in schwierigen Kundengesprächen:

> „Joa, also, ich sag' mal, ich hab' das ganz gut im Griff dann. Dann, ich denk' mir dann vielleicht auch mal, also, dann sag' ich gar nichts, dann lass' ich den reden, reden, oder, was er halt auch will, und dann sag' ich dann irgendwann halt auch mal, was ich dazu meine (...). Aber, ich merk' dann auch selbst für mich, wie ich dann so rot anlaufe, wie mir dann so heiß wird und so, aber, äh, ich bin nicht diejenige, die dann zurück brüllt, oder was weiß ich, die dann da auch irgendwie lauter wird am Telefon."

Diese Verhaltensnormen gelten für alle Beschäftigten; sowohl Männer als auch Frauen werden daran gemessen und positionieren sich selbst in Bezug auf ihre Emotionalität. Alle „leben" diese Vorstellung in den alltäglichen Praktiken des Kundenkontakts, der Interaktion unter Kolleg/innen oder der Beziehung zu Vorgesetzten; wenn sie von ihr abweichen, wissen sie, dass sie das tun und das ihr Verhalten sanktioniert werden kann.

Für Führungskräfte gilt die Norm in besonderem Maße; als Maximen ihres Verhaltens werden (unter anderem) immer wieder Eigenschaften wie Beherrschtheit, Überlegtheit, Ausgeglichenheit, Neutralität, Härte, Festigkeit, Ruhe, Stressresistenz und Belastbarkeit genannt. Herr Goeke, so scheint es, weiß um diese Normen besser Bescheid als Herr Schäfer und Frau Gudenau. Alle Erzählungen, mit denen er Praktiken seiner Arbeit und seines Umgangs mit Kollegen beschreibt, beinhalten solche Attribute; in vorbildlicher Weise (Herr Mühlenbrock sagt das, er selber aber auch) verkörpert er eine Haltung der Besonnenheit, des „drüber Schlafens", des Stress-Wegsteckens, des Ruhig-vor-sich-hin-Arbeitens. Herr Goeke entspricht also dem interpretativen Muster der „kontrollierten Emotionalität", das zwar Gefühle erlaubt, aber ihre unmittelbare Kontrolle einfordert (vor allem die negativer Gefühle), und er gestaltet es mit. In der Praxis sind verschiedene Formen des Umgangs mit Emotionalität möglich – Herr Schäfer wird laut, Frau Büchert wird rot, Frau Scholz ärgert sich so, dass sie sich in der Zentrale beschwert. Aber nur Herr Goeke positioniert sich innerhalb des vorgegebenen Rahmens, wie man Emotionen deutet und wie man sie ausleben kann und darf, dass er den damit verbundenen Normen vorbildlich entspricht. Das interpretative Schema ist also ein „Wahrnehmungs- und Deutungsraster"; es regelt das normale Verhalten, das, was möglich ist und erwartet wird, und es steht in enger Verbindung mit dem normativen Schema, das anzeigt, was adäquates, optimales, eben vorbildliches Verhalten ist. Das Schema der „kontrollierten Emotionalität" wird also a) in der Praxis gelebt und b) strategisch genutzt – und zwar teilweise intentional (es wird Herrn Goeke bewusst sein, dass er *diese* Geschichten erzählt und sich in *dieser* Weise verhält) oder unbewusst (es ist ihm nicht jedes Mal auf's Neue bewusst, er entscheidet sich nicht in jeder Situation dafür, sich normkonform zu verhalten).

Das „Unwohlsein" von Frau Gudenau ist daher in einem breiteren Kontext zu sehen. Äußert sie tatsächlich, dass sie sich in bestimmten Situationen mit Führungsaufgaben nicht wohl fühlt, positioniert sie sich selbst als defizitäre Führungskraft, wenn sie nicht gleichzeitig betont, dass und wie sie ihre Gefühle kontrolliert. Schätzen andere sie als unkontrolliert emotional ein, hat das denselben Effekt. Die Entscheidung gegen Frau Gudenau und ihre Legitimation hat daher nicht nur etwas zu tun mit eventuellen Nutzenüberlegungen der Entscheider und mit Koalitionsbildungen und Ressourcen in mikropolitischen Aushandlungen, über die sie nicht verfügt. Sie sind auch verankert in der gemeinsamen Konstruktion von Normen und der Selbst- und Fremdpositionierung, also der interpretativen Deutungen von Selbst und Organisation in Bezug auf dieses normative Muster.

3.4.3 *Zusammenfassung und offene Fragen*

Zusammenfassend ist also zunächst festzuhalten, dass der grundsätzlich breite Entscheidungsspielraum stark verengt wird: Die Grundsatzentscheidung (des Abbaus von Führungspositionen) wird als gegeben gesetzt, die Entscheidungen des Zweigstellenleiters werden akzeptiert. Zentral sind dann die kommunikativen Prozesse, diese Entscheidung zu vermitteln, zu ratifizieren und ihre Legitimität sicherzustellen. In diese Prozesse geht die Deutungsmacht dominanter Akteure, aber auch die gemeinsame Konstruktion von geteilten Normen und geteiltem Sinn ein. Durch den Blick auf die Ebene der „Modalitäten" in die Analyse wird entsprechend mit einbezogen, wie auf der Ebene der Interpretation Sinn hergestellt und transportiert wird, Normen gesetzt und Entscheidungen auch auf diesem Weg – und nicht nur über direkte Machtausübung und unterlegene Positionen in innerbetrieblichen Aushandlungen – durchsetzbar und legitim werden. Deutlich wird, dass es sich um eine gemeinsame Konstruktionsleistung aus Normen setzen und Normen befolgen handelt, die auch in Arbeitsanforderungen und Arbeitspraxen verankert ist und in die Entscheidungen sinnvoll eingeordnet werden können.

Das zeigt, wie hoch der Stellenwert der Konstruktion von Begründungen und Legitimationen in Entscheidungsprozessen ist. Dabei besteht eine hohe Varianz der Anwendung und Bewertung von Normen und Kriterien in der jeweiligen Entscheidungssituation. Im Rahmen von Begründungszwängen (eine Entscheidung muss legitimiert werden, insbesondere in Konfliktfällen) werden *be-*

stimmte Normen und Bewertungskriterien relevant gemacht. Wann welche Kriterien herangezogen werden, ist einerseits kontingent: Wie die jeweiligen Kriterien situativ inhaltlich gefüllt und mit welchem Stellenwert sie jeweils versehen werden, welches Kriterium als letztlich ausschlaggebendes benannt wird, ist nicht von vornherein festgelegt, sondern wird in der jeweiligen Situation – und unter den jeweiligen Interessen und Machtverhältnissen – entschieden. Wichtig ist nur, dass es jeweils mit nachvollziehbarem Sinn gefüllt und durch gemeinsame Wahrnehmungen, Deutungen und Normen gedeckt ist. Andererseits ist es nicht kontingent: Interpretative und normative Schemata begrenzen und ermöglichen das Spektrum dessen, was in welcher Form und mit welcher Begründung entschieden werden kann. Sowohl die Inhalte als auch die Verfahren von Entscheidungen sind also variabel, solange sie mit nachvollziehbarem Sinn gefüllt und durch gemeinsame Wahrnehmungen, Deutungen und Normen gedeckt sind.

Die Konstruktionsprozesse (von Normen, Sinn, Entscheidungen usw.) sind eingebunden in Machtverhältnisse, wie auch schon die mikropolitische Analyse gezeigt hat: Macht zeigt sich als dialektische Beziehung (zwischen allen Organisationsmitgliedern), als Verfügung über relevante Ressourcen, als Möglichkeit der Kontrolle von Unsicherheitszonen und als Definitionsmacht – (mit-) bestimmen zu können, ex ante und ex post, was wann zur relevanten Ressource wird und was wann als guter Grund gilt: „Macht und Herrschaft", so resümiert Ortmann, „basieren keinesfalls nur auf der Kontrolle von Ressourcenverteilung, sondern drücken sich ebenso in kognitiven und normativen Ordnungen aus (Ortmann 1995: 56)".

Wenn man Entscheidungen in strukturationstheoretischer Perspektive betrachtet, dann sind also, noch einmal zusammenfassend und allgemein formuliert, vor allem folgende Aspekte wichtig:

1. Organisationsmitglieder handeln und entscheiden reflexiv, durchaus (subjektiv) rational, vielfach routinemäßig, und immer eingebettet in die organisatorischen Strukturen (Programme, Leitideen, strategische Vorgaben ebenso wie die alltäglichen Gepflogenheiten des Umgangs, Normen, Standards der Arbeitsausführung usw.), die sie umgeben.
Diese Strukturen ermöglichen und begrenzen das Handeln der Akteure: Sie stellen ihnen die Regeln zur Verfügung, nach denen sie ihre Entscheidungen treffen (oder die sie damit übertreten) und sie werden durch Entscheidungen befestigt, „reproduziert", oder verändert.
Entscheidungen sind damit eingelagert in die soziale Praxis der Organisationsmitglieder, in überindividuelle Normen und Standards, Wissen und Muster der Interpretation,
und sie sind immer auch an die entscheidende Person (und deren individuelle Normen, Erfahrungen, Wissen und Alltagstheorien) gebunden.

3.4 Entscheiden als soziale Praxis

Offen ist, wie das mit Blick auf Entscheidungen theoretisch zu fassen ist. Wir haben zunächst gesehen, dass jede der hier vorgestellten Perspektiven auf das Entscheiden in Organisationen ihre Berechtigung hat (und andere, die hier nicht diskutiert wurden, darüber hinaus auch). Die Perspektive auf rationale Wahl erklärt, wie die Entscheidung um die stellvertretende Gruppenleitung als Prozess des schrittweisen Anpassens an Gelegenheiten funktioniert: Der entscheidende Akteur verfügt über Alltagstheorien und Reflexivität, er nimmt die Situation wahr und deutet sie, er hat Ziele und erwägt persönlichen Nutzen – und trifft in diesem Sinne bewusst eine Entscheidung nach der anderen. Dass dabei Effekte entstehen, die er nicht beabsichtigt hat, tut der Rationalität seines Vorgehens, der Angemessenheit seines Agierens, keinen Abbruch. In solchen handlungstheoretischen Ansätzen wird aber grundsätzlich die Zweckorientierung von Akteuren unterstellt, es wird versucht, das Entscheiden primär durch die Rekonstruktion von Wünschen, Motiven oder Zielen dieses Handelns zu erklären. Das ist nicht ausreichend – ebenso wenig wie eine norm- oder wertorientierten Herangehensweise, die das Handeln und Verhalten vor allem durch Rekonstruktion von Normenorientierung und Rollenkonformität zu erklären versucht.

In mikropolitischer Perspektive wird stärker betont, dass es um eine (grundsätzlich konflikthafte, aber konsensorientierte) Konstellation von Akteuren geht, die durch ihr Handeln und Entscheiden die Organisation schafft, die den Akteuren wiederum als Arena des Handelns – im wahrsten Sinn: als Spielraum – gegenübertritt. Akteure handeln „frei" und orientiert an ihren eigenen Interessen, aber immer nur in dem Rahmen, den die Organisation ihnen vorgibt. Der Rahmen – die Regeln und Ressourcen, die genutzt, eingesetzt, befolgt, unterlaufen oder abgeändert werden können – wird durch das (Aus-)Handeln der Akteure hergestellt und verändert.

Dieser Punkt, die wechselseitige Konstitution von Akteuren und Organisation, präziser: von Handlungsmöglichkeiten der Akteure und organisatorischen Strukturen, tritt in strukturationstheoretischer Perspektive noch stärker in den Vordergrund. Hier wird betont, dass beides sich bedingt und hervorbringt, und zwar nicht nur intentional – als bewusste, gerichtete Einzelentscheidungen, ihre Summe und darüber hinaus ihre Nebenfolgen – sondern auch als Praxis. Das bedeutet, dass das „Set von Regeln und Ressourcen", also die Normen, Deutungen, Annahmen, Alltagstheorien usw., die in der Situation enthalten sind, die der rationale Akteur aber erst definiert und in seiner Perspektive handhabt, auch unabhängig von den Intentionen der Akteure wirkt. So gesehen, kann eine Entscheidung dann durchaus ein Prozess des zielgerichteten Abwägens innerhalb von gegebenen und definierten Situationen sein. Sie kann aber auch „passieren": In der Praxis des Arbeitens und Organisierens fallen Entscheidungen unter Umständen auch ganz anders, als das beabsichtigt gewesen ist, sie fallen unbedingt kontextabhängig, und sie werden „nicht allein" getroffen. Das führt, den Gedanken weiter zugespitzt, dazu, eine Entscheidung weniger als Prozess (oder Produkt) der kognitiv geleiteten, geplanten Kalkulation von Alternativen zu betrachten, sondern sie eher als Prozess des „praktischen Gelingens" anzusehen. Aber damit ist der Fokus, der in diesem Kapitel eingenommen wurde, schon überschritten. Hier kam es erst einmal darauf an zu zeigen, dass Entscheidungen in organisatorische Praktiken (die von den Akteuren getragen werden) eingebunden sind, dass sie daher immer nur in bestimmter, kontextabhängiger Weise möglich sind, und dass sie aus dem – bewussten oder unbewussten – Zusammenwirken mehrerer Elemente (Akteure, Deutungen, Artefakte usw.) entstehen.

4 Zusammenfassung: Entscheidung und Organisation

Herr Conrad hat also eine Entscheidung getroffen – oder auch nicht. Aus dem empirischen Material zum Fall der Besetzung der stellvertretenden Gruppenleitung ist nicht herauszuarbeiten, ob der Leiter der Zweigstelle eines Versicherungsunternehmen tatsächlich selbst entschieden hat oder ob das vielleicht sein Stellvertreter war. Es ist auch nicht herauszuarbeiten, ob es eine gute Entscheidung war und ob sie tatsächlich ohne große Komplikationen umgesetzt werden konnte – das käme darauf an, welchen Maßstab der Beurteilung man anlegt. Auch, ob sie bewusst und zielgerichtet getroffen wurde und welche Motive dahinter standen, ist auf der Basis der vorliegenden Daten und der eingesetzten sozialwissenschaftlichen Methode nicht zu klären. Was man aber deutlich sehen kann, ist, welche Akteure mehr oder weniger aktiv an der Entscheidung beteiligt waren, dass die Beteiligten ihre Meinungen austauschten, dass sie sich aufeinander bezogen und dass sie in ihren Erklärungen und Beschreibungen alle auf bestimmte Inhalte und Muster zurückgriffen. Das zeigt, dass bestimmte – und, zumindest beispielhaft, auch welche – Möglichkeiten des Wahrnehmens, Deutens, Kommunizierens, Entscheidens, Arbeitens usw. innerhalb der untersuchten Organisation bestehen. Organisationen, das kann man daraus ableiten, bilden eine lokale Ordnung von Regeln, Ressourcen, Symbolen und Artefakten, die das Handeln und Entscheiden der Organisationsmitglieder ermöglicht und begrenzt.

Entscheidungen wie die, Herrn Goeke wegen Überfliegerqualitäten zu befördern, Frau Pietsch wegen Halbtagsbeschäftigung, Frau Gudenau, weil sie sich „nicht ganz so wohl fühlte" und Herrn Schäfer, weil er nicht definierte Mängel im Führungsverhalten zeigte, zu degradieren und Frau Scholz völlig außen vor zu lassen, solche Entscheidungen sind nur innerhalb eines bestimmten Kontexts und zu einem bestimmten Zeitpunkt möglich. Sie müssen im Einklang stehen mit den vorherrschenden interpretativen und normativen Mustern („Ideologien", sagt Brunsson) der Organisation, die zum einen festlegen, was wahrgenommen werden kann, was überhaupt denkmöglich und entscheidbar ist, und die zum zweiten angeben, was als Begründung taugt, was ein sachlicher Grund ist, was in dieser

Organisation für „rational" gehalten wird.[42] Eine Entscheidung, das ist das empirisch begründete Ergebnis der Untersuchung des Falls, ist also immer nur in bestimmter Form – mit bestimmtem Inhalt und in bestimmtem Verfahren – möglich. Sie ist nicht notwendig das Produkt des zielgerichteten und nutzenorientierten Denkprozesses eines individuellen Akteurs, sondern sie entsteht im Zusammenwirken mehrerer Faktoren (mehrer Akteure, verschiedener Denkmöglichkeiten) und sie wird, da sie so deutlich in der organisationalen Praxis verankert ist, auch nicht notwendig bewusst getroffen. Kann man dann noch von einer Entscheidung sprechen? Auch das käme darauf an, welchen Maßstab der Beurteilung man anlegt. Abschließend soll nun noch einmal kurz zusammengefasst werden, was in diesem Lehrbuch dazu zusammengetragen wurde.

Um die empirische Analyse anzuleiten, wurden verschiedene sozialtheoretische, gesellschaftstheoretische und organisationstheoretische Bezüge hergestellt. Unter der Zielsetzung, Entscheidungsphänomene in Organisationen zu verstehen und zu erklären, wurden diese Theorien in ihren Grundzügen dargestellt und dann auf den Beispielfall angewendet. Dabei wurde deutlich, welche Dimensionen und Elemente in Entscheidungsprozessen eine Rolle spielen, wie diese ineinander greifen, und auch, wie komplex ein solcher Prozess ist. Je nach theoretischem Zugang wurden in der Analyse unterschiedliche Schwerpunkte gesetzt. Eine strukturationstheoretische Rahmung der Analyse von Entscheidungen, das wird hier abschließend nahegelegt, wird der Vielfältigkeit und Komplexität des Phänomens am ehesten gerecht, weil sie die gesamte Breite des Gegenstands: sowohl die Akteure als auch die Strukturen als auch die Modalitäten in Form von kognitiven, interpretativen und normativen Schemata, die Praxis, die Intention und „das Unbewusste" mit einbeziehen kann. Die Vorstellung vom Entscheiden als soziale Praxis, die im Zusammenhang damit entwickelt wird, hat, auch das sei abschließend angemerkt, durchaus auch etwas von dem systemtheoretischen „Entscheidungen schließen an Entscheidungen an". Sie bezieht aber den Akteur mit seinen (höchst persönlichen und organisatorisch geprägten) Wahrnehmungen, Deutungen, Alltagstheorien mit ein.

Diese Akteure sind aber nicht notwendig rationale Akteure. Die Antriebskraft eigener Motive und Interessen der Akteure wird in dem hier erarbeiteten Verständnis von Entscheidung nicht geleugnet. Sie wird aber ganz explizit „in den Kontext" gesetzt, und sie wird „dezentriert". Dies im Übrigen auch deshalb,

---

42 Dass das für viele andere Organisationen inhaltlich genau das Gleiche sein mag, ist natürlich nicht zufällig so; Organisationen stehen in einem gesellschaftlichen Rahmen, sie nehmen Institutionen, Standards, Diskurse, Leitbilder und Moden auf, sie entwickeln sich, nicht zufällig, in gegebenen Umwelten ähnlich. Aber auch für sie gilt, wie für individuelle Akteure, dass sie bis zu einem gewissen Grad „frei" sind, sie nehmen bestimmte Vorstellungen auf, andere nicht, und setzen sie organisationsintern je spezifisch um. Diese Perspektive stand hier aber nicht im Vordergrund.

weil der Bezug auf die Nutzenorientierung von Akteuren immer Gefahr läuft, alles und nichts zu erklären: Der Hinweis darauf, dass Akteure im Handeln und Entscheiden eigene Interessen verfolgen und einen Nutzen für sich selbst erzielen wollen, kann zur Erklärung für alles herangezogen werden; neben die „Rationalität" treten (oder als Rationalität verstanden werden) dann auch Gefühle, Normbefolgung, Routinen, Identitätsbehauptung usw. Man kann den Aspekt der Nutzenorientierung also getrost „vor die Klammer ziehen" – und dann, anstatt erklären zu wollen, warum jede empirisch vorfindliche Verhaltensvariante in Nutzenverfolgung begründet ist, die Varietät selbst beschreiben. Das hier entwickelte Verständnis von Entscheidungen leugnet auch die Bedeutung des Kalküls nicht. Es betrachtet die Kalkulation von Möglichkeiten aber als *eine* Form des Entscheidens. Darüber hinaus lässt es Raum für „objektive" und „subjektive" Aspekte des Entscheidens: Es sieht, dass Entscheider Sachprobleme zu lösen versuchen (sachliche Aufgaben, materiale Randbedingungen, technische Faktoren usw. spielen eine Rolle im Entscheiden) und es sieht ebenso, dass auch ganz subjektive Deutungen, höchst persönliche Konstruktionen in den Köpfen der Akteure, ebenso wie ihre Gefühle, Beziehungen usw. im Entscheiden eine Rolle spielen. Schließlich nimmt es sowohl die Steuerungsbemühungen von Akteure ernst (Intentionalität, Steuerungsfähigkeit und -tätigkeit sind im Entscheiden durchaus gegeben, allerdings nicht immer) als auch die Tatsache, dass Prozesse des Entscheidens und Organisierens nicht durchweg (vielleicht sogar ziemlich wenig, jedenfalls: in einem empirisch zu bestimmenden Anteil) gesteuert werden können, sondern sich „ergeben", passieren, vor sich hin prozessieren.

Als Problem herausgearbeitet und immer wieder in ihrer Vielschichtigkeit gezeigt, aber nicht beantwortet worden sind drei „große" Fragen: erstens, was Handeln und Entscheiden voneinander unterscheidet, zweitens, was eine Entscheidung zur Entscheidung macht und drittens, was genau eine Organisation ist. Eine Definition des Entscheidens, wie sie zu Beginn von Kapitel 3 vorgestellt wurde, scheint gegenüber den hier Schritt für Schritt zusammengetragenen Aspekten und Elementen des Entscheidens klarer zu sein: „Alternativen bedenkend zu handeln", das ist Entscheiden. Dieser Entscheidungsbegriff trägt aber zum einen bestimmten Aspekten des Entscheidung-Treffens nicht ausreichend Rechnung: der Konstellation der Akteure, dem handelnden und entscheidenden Zusammenwirken der Akteure und dem „sich-Ergeben" von Entscheidungen. Und auch er hat seine Unschärfen eingebaut: Wenn man Alltagsentscheidungen nicht als Entscheidungen werten will und nur Entscheidungen größeren Ausmaßes als solche betrachtet, und wenn man alles, was auch routinemäßig oder gefühlsgeleitet getan wird, als routinisiertes beziehungsweise affektgeleitetes Handeln vom Entscheiden abgrenzt, dann ist das einerseits ein logischer Abgrenzungsversuch (weil Routinen und Affekte die Reflexion ausschließen und die Entscheidung

„schon getroffen ist", also nicht mehr überlegt werden muss; vgl. Schimank 2005). Die Reichweite und der Grad der Reflexivität, Intentionalität und Routinehaftigkeit sind aber andererseits immer nur graduell zu bestimmen – und damit hat man auch hier keine „hieb- und stichfeste" Definition des Entscheidens.

Festgehalten werden kann aber, über welche Aspekte man sich Rechenschaft ablegen muss, wenn man den Begriff der Entscheidung definitorisch festlegen wollte. Erstens müsste man klären, ob man den Aspekt der Wahl zwischen Alternativen als Kern des Entscheidens beibehalten will oder ob man, zum Beispiel in Anbetracht dessen, dass ein klarer Kalkulations-Entscheidungs-Zusammenhang nicht immer erkennbar ist, doch, wie Luhmann, „auf Erwartung umstellt".[43] Auch wenn nicht erkennbar ist, wer die Entscheidung wie getroffen hat, und auch, wenn eine Entscheidung „automatisch" gefallen sein sollte – die Notwendigkeit der Zurechnung der Entscheidung an einen Akteur, der die Entscheidung getroffen hat, bleibt bestehen. Dann geht es aber nicht mehr um eine Wahlhandlung, sondern um eine Zurechnungspraxis. Mit Blick auf dieses Argument gibt es also gute Gründe, die in diesem Einführungsbuch (aus anderen guten Gründen) nicht weiter erörtere Luhmann'sche Variante der Definition von Entscheidungen in Betracht zu ziehen. Das Problem der Trennschärfe des Begriffs löst sie aber auch nicht, denn das „auf Erwartungen reagieren" ist als Charakterisierung des Entscheidens in seiner Abgrenzung vom Handeln letztlich auch nicht präziser. Das Problem bleibt also: Einerseits ist Entscheiden eine Wahlhandlung, andererseits ist der Aspekt der Wahl nicht hinreichend, um das Entscheiden zu erklären – und zwar, das wurde hier betont, vor allem mit Blick auf die Einbettung der Entscheidung in Normen, Regeln und Deutungen und das sich-Ereignen einer Entscheidung in der organisationalen Praxis. „Allgemeiner gesprochen", das hat bereits March formuliert, „läuft die Argumentation darauf hinaus, dass die Entwicklung von Sinn durch Mythen, Rituale und die Erarbeitung kultureller Symbole im Leben moderner Organisationen eine wesentliche Rolle spielt. Das unverwechselbar Menschliche ist nicht Wahlverhalten, sondern Interpretation." (March 1990: 16)

Zweitens müsste man eine Entscheidung darüber treffen, wie weit man an der Notwendigkeit des Vorliegens von Zielgerichtetheit der Entscheidung festhalten will und daran, ob sie bewusst getroffen werden muss. Wenn man, wie hier, auch die Nicht-Intentionalität und das nicht bewusste Tun ins Entscheiden mit einbezieht,[44] dann ist der Unterschied zwischen Handeln und Entscheiden auch in dieser Hinsicht nicht klar gefasst. Das Problem der Unterscheidung von Handeln und Entscheiden, das im Laufe der hier angestellten Überlegungen

---

43   Vgl. Exkurs „Entscheidungen aus Zufall, Entscheidungen als Reaktion auf Erwartungen".
44   Vgl. Kap. 3.4.

4 Zusammenfassung: Entscheidung und Organisation

immer wieder zum Thema wurde (und meist in der Form „übersprungen" wurde, dass vom „Handeln und Entscheiden" die Rede war), ist also noch nicht gelöst. Was aber deutlich wurde, zumindest in einzelnen Aspekten, ist *wie* Entscheidungsprozesse funktionieren, und wie und was wir als Sozialforscher/innen beobachten und deuten können. Zugleich sind auf dem Weg der Analyse des Entscheidungsprozesses verschiedenen Aspekte und Dimensionen der Funktionsweise von Organisationen angesprochen worden – so dass zum Abschluss doch noch ein Blick darauf geworfen kann, was eine Organisation ist. Die Rede war hier vor allem von Akteuren im Rahmen der Organisation, von deren gemeinsamen, gleich- und gegenläufigen, jedenfalls aufeinander bezogenen Handeln und Tun. Damit lag der analytische Fokus auf der Interaktion von Akteuren im Kontext von Organisation und auf den Akteuren in Konstellationen und Beziehungen. In die Analyse einbezogen war aber immer auch die organisationale Ebene „an sich": also organisatorische Strukturen, sowohl formale als auch informelle, die in Regeln und Ressourcen bestehen und den Rahmen des Handelns der Akteure abgeben. Diese Struktur ist gebunden an Akteure und deren Handeln; alle drei zusammengenommen gehören zum „sozialen Gebilde Organisation".

In die Analyse explizit einbezogen wurde außerdem das Geflecht subjektiver (Alltags-)Theorien, individueller „Umgangsformen mit der Welt" und überindividueller Wahrnehmungs-, Deutungs- und Handlungsmuster. Diese Dimensionen bilden zusammen die Praxis der Organisation – wobei hier, präziser, Praktiken der Akteure betrachtet wurden. Der Verweis auf „Praxis" umfasst, dies ist ein letzter Punkt, der erwähnt werden soll, bereits Momente der Institutionalisierung. In Organisationen besteht ein hohes Maß an Institutionalisierung, an Normierung, Regelsetzung, Standardisierung von Verfahren usw. Institutionen aber sind verallgemeinerbare Verfahren der Praxis, von denen man nicht einfach abweichen kann: Den Akteuren wird der Bezug auf Institutionen einerseits zur „zweiten Natur", Institutionen werden „innerlich" über Internalisierungsprozesse, die Verquickung von je persönlichen und überindividuellen Normen und Werten, und andererseits bleiben sie ihnen äußerlich: Institutionen treten den einzelnen gegenüber (Berger/Luckmann 1969). Auch so wird noch einmal deutlich: Akteure, in ihrer je eigenen „Subjekthaftigkeit", handeln und entscheiden in Organisationen, deren Strukturen durch das an Akteure gebunden Handeln reproduziert und verändert werden. Eine Definition von „Organisation als Praxis", wie sie hier ansatzweise entwickelt wurde, ist also angelehnt an die entscheidungs- und organisationstheoretischen Überlegungen Marchs und an mikropolitische (Crozier/Friedberg), praxis- und strukturationstheoretische (Giddens, Ortmann) und wissenssoziologische Theorien (Berger/Luckmann). Sie versteht Organisation als spezifisches soziales Gebilde, dessen Strukturen und Prozesse in einem rekursiven Verhältnis zueinander stehen. Diese werden hergestellt durch das Handeln der Akteure, ihre Wahrnehmungen, Deutungen, Kommunikationen, Interaktionen und Entscheidungen – und ihr Wissen. Die Wissensbasis der Organisation ist sowohl eine sehr persönliche (die je biografisch begründete und situativ kognitiv, intuitiv und emotional aktualisierte) als auch eine überindividuelle, gesellschaftliche und organisationale. Das Wissen der Organisation ist ‚in den Köpfen der Mitglieder', es ist aber auch materialisiert in den Dingen, der Technik, Architektur, den Dokumenten (Statuten, Akten, Stellenplänen, Gehaltslisten, Telefonverzeichnissen usw.) einer Organisation. Organisationen sind der Rahmen für ein bestimmtes Tun: Sie verfolgen Ziele und Zwecke, sie tun dies arbeitsteilig und koordiniert, sie sind hierarchisch gegliedert und sind die ‚Arena' des Austragens von Konflikten und des Verfolgens individueller und kollektiver Interessen. Dabei wird Macht verliehen und ausgeübt, die Mitglieder befolgen und verändern Regeln, und versehen sie das organisatorische Geschehen mit Sinn. Eine Organisation ist, so gesehen, ein Gebilde, das bestimmte Funktionen hat (der Produktion, der Dienstleistung, der Interessenvertretung usw., für die und in der Gesellschaft und die Organisationsmitglieder), sie ist zugleich aber immer auch ‚Lebensraum' für ihre Mitglieder, ein sozialer Raum der Anerkennung, Beziehung und Identitätsbildung.

Mit dieser Zusammenstellung relevanter Dimensionen von Organisation ist am Ende der Analyse eines Entscheidungsprozesses in einer Organisation eher ein heuristischer Rahmen der Organisationsanalyse herausgekommen als eine ausgearbeitete oder in eine bereits etablierte Organisationstheorie eingebettete Definition von Organisation. Aber für das Erste soll es genügen: Denn, zum einen, um auch abschließend noch einmal James March zu zitieren: „Eine Organisation ist das, wofür eine Organisationstheorie sie hält." (March 2001: 21) Damit bringt er die Relationalität des Organisationsbegriffs auf den Punkt, und es war ein Ziel dieses Lehrbuchs, anhand eines problembezogenen, empirisch unterfütterten Vorgehens zu zeigen, dass es keinen einzigen „richtigen" Organisationsbegriff (und Entscheidungsbegriff) gibt. Zum zweiten ist das eine typische Etappe eines Forschungsprozesses, den die Leserinnen und Leser dieser Einführung eingeladen waren zu begleiten: Aus der empirischen Forschung ergeben sich Probleme, die mithilfe unterschiedlicher Theorieangebote bearbeitet werden können. Aus beidem ergeben sich Erkenntnisse und daraus ergeben sich neue Probleme. Daher ist der Prozess der Analyse der Entscheidung über die stellvertretende Gruppenleitung hier nur zu einem vorläufigen Ende gekommen. Zu hoffen steht allerdings, dass die Fragen, die er am Ende aufgeworfen hat, so weit interessant – oder noch interessanter – sind als die, die er eingangs formuliert hat, und dass er damit auch die Leserinnen und Leser zur weiteren Forschung inspirieren kann.

Literatur

Abraham, Martin, Günter Büschges, Günter (2004): Einführung in die Organisationssoziologie. Wiesbaden: VS Verl. für Sozialwissenschaften
Adler, Paul S. (Hg.) (2009): The Oxford Handbook of Sociology and Organization Studies: Classical Foundations. Oxford University Press
Alkemeyer, Thomas (2006): Rhythmen, Resonanzen und Missklänge. Über die Körperlichkeit der Produktion des Sozialen im Spiel. In: Gugutzer, Robert (Hg.) (2006): Body Turn – Perspektiven der Soziologie, des Körpers und des Sports. Bielefeld: Kleine, S. 265-296
Barnard, Chester I. (1938): The functions of the executive. Cambridge, Mass.: Univ. Press
Becker, Albrecht (1996): Rationalität strukturierter Entscheidungsprozesse. Wiesbaden: Gabler
Becker, Albrecht, Stephan Duschek, Jörg Sydow, Carsten Wirth (2008): Organisation und Strukturation. Hagen: FernUniversität (Studienbrief 33716)
Becker, Albrecht, Willi Küpper, Günther Ortmann (1988): Revisionen der Rationalität. In: Küpper, Willi, Günther Ortmann (Hg.) (1988): Mikropolitik. Rationalität, Macht und Spiele in Organisationen. Opladen: Westdt. Verl., S. 89-113
Berger, Peter L., Thomas Luckmann (1969): Die gesellschaftliche Konstruktion der Wirklichkeit. Frankfurt am Main: Fischer Verl.
Berger, Ulrike, Isolde Bernhard-Mehlich (2006): Die verhaltenswissenschaftliche Entscheidungstheorie. In: Kieser, Alfred (Hg.) (2006): Organisationstheorien. 6., erw. Aufl. Stuttgart: Kohlhammer, S. 133-168
Beyes, Timon (2007): Organisationstheorien von Agamben bis Žižek: Auf dem Basar der Organization Studies. In: Eberle, Thomas S., Sabine Hoidn, Katarina Sikavica (Hg.) (2007): Fokus Organisation. Konstanz: UVK Verl.-Ges., S. 65-85
Bohnsack, Ralf, Winfried Marotzki, Michael Meuser (Hg.) (2003): Hauptbegriffe qualitativer Sozialforschung. Opladen: Leske + Budrich
Bonazzi, Giuseppe (2008): Geschichte des organisatorischen Denkens. Wiesbaden: VS Verl. für Sozialwissenschaften
Brunsson, Nils (1982): The irrationality of action and action rationality: decisions, ideologies and organizational actions. In: Journal of Management Studies, 19, 1982, 1, S. 29-44
Brunsson, Nils (1985): The irrational organization. Irrationality as a basis for organizational action and change. Chichester: Wiley
Brunsson, Nils (1989): The organization of hypocrisy. Talk, decisions and actions in organizations. Chichester: Wiley
Brunsson, Nils (2007): The consequences of decision making. Oxford: Univ. Press

Bryant, Antony, Kathy Charmaz (Hg.) (2007): The Sage Handbook of Grounded Theory. Los Angeles: Sage Publications

Burns, Tom (1961): Micropolitics: Mechanisms of Institutional Change. In: Administrative Science Quarterly, 6, 1961, S. 257-281

Cohen, Michael, James G. March, Johan P. Olsen (1972): A garbage can model of organizational choice. In: Administrative Science Quarterly, 17, 1972, S. 1-25

Coleman, James S. (1995): Grundlagen der Sozialtheorie. Studienausg. München: Oldenbourg

Corbin, Juliet, Anselm Strauss (2008): Basics of Qualitative Research: Techniques and Procedures for Developing Grounded Theory. 3rd ed. London: Sage

Crozier, Michel, Erhard Friedberg (1993, zuerst: 1977): Macht und Organisation. Die Zwänge kollektiven Handelns. Königstein/Ts.: Athenäum

Cyert, Richard M., James G. March (1963): A behavioral theory of the firm. Cambridge: Blackwell

Denzin, Norman K., Yvonna S. Lincoln (Hg.) (1994): Handbook of Qualitative Research: Thousand Oaks, CA: Sage

Deutschmann, Christoph, Michael Faust, Peter Jauch, Petra Notz (1995): Veränderungen der Rolle des Managements im Prozeß reflexiver Rationalisierung. In: Zeitschrift für Soziologie, Jg. 24, 1995, H. 2, S. 436-450

Diekmann, Andreas, Thomas Voss (2004): Die Theorie rationalen Handelns. Stand und Perspektiven. In: Dies. (Hg.) (2004): Rational-choice-Theorie in den Sozialwissenschaften. München, S. 13-29

Esser, Hartmut (1990): Habits, Frames und Rational Choice. Die Reichweite von Theorien rationaler Wahl (am Beispiel der Erklärung des Befragtenverhaltens). In: Zeitschrift für Soziologie, Jg. 19, 1990, S. 231-247

Esser, Hartmut (1996): Die Definition der Situation. In: Kölner Zeitschrift für Soziologie und Sozialpsychologie, Jg. 48, 1996, S. 1-34

Esser, Hartmut (1999): Soziologie. Allgemeine Grundlagen. 3. Aufl. Frankfurt am Main: Campus Verl.

Flick, Uwe (2004): Triangulation. Eine Einführung. Wiesbaden: VS Verlag für Sozialwissenschaften

Flick, Uwe, Ernst von Kardorff, Ines Steinke (Hg.) (2003): Qualitative Forschung. Ein Handbuch. 3. Aufl. Reinbek bei Hamburg: Rowohlt Taschenbuch Verl.

Froschauer, Ulrike, Manfred Lueger (2003): Das qualitative Interview. Zur Praxis interpretativer Analyse sozialer Systeme. Wien: Facultas Verl.

Giddens, Anthony (1992): Die Konstitution der Gesellschaft. Grundzüge einer Theorie der Strukturierung. Studienausg. Frankfurt am Main: Campus Verl.

Glaser, Barney, Anselm L. Strauss (1967): The discovery of Grounded Theory. Strategies for qualitative research. Chicago: Aldine Publ.

Gross, Peter (1994): Die Multioptionsgesellschaft. 10. Aufl. Frankfurt am Main: Suhrkamp

Hirschauer, Stefan (2004): Praktiken und ihre Körper. Über materielle Partizipanden des Tuns. In: Hörning, Karl H., Julia Reuter (Hg.) (2004): Doing culture. Neue Positionen zum Verhältnis von Kultur und sozialer Praxis. Bielefeld: transcript-Verl., S. 73-91

Hirschman, Albert O. (1970): Exit, voice and loyalty. Responses to decline in firms, organizations, and states. Cambridge, MA: Harvard Univ. Press

Hitzler, Ronald, Jo Reichertz, Norbert Schröer (Hg.) (1999): Hermeneutische Wissenssoziologie. Standpunkte zur Theorie der Interpretation. Konstanz: UVK

Hörning, Karl H. (2004): Soziale Praxis zwischen Beharrung und Neuschöpfung. Ein Erkenntnis- und Theorieproblem. In: Hörning, Karl H., Julia Reuter (Hg.) (2004): Doing culture. Neue Positionen zum Verhältnis von Kultur und sozialer Praxis. Bielefeld: transcript-Verl., S. 19-39

Hörning, Karl H., Julia Reuter (Hg.) (2004): Doing culture. Neue Positionen zum Verhältnis von Kultur und sozialer Praxis. Bielefeld: transcript-Verl.

Hofbauer, Johanna (1993): Management – ein umstrittenes Terrain. In: Ganter, Hans-Dieter, Gerd Schienstock (Hg.) (1993): Management aus soziologischer Sicht. Wiesbaden: Gabler, S. 146-175

Holtgrewe, Ursula (2000): „Wer das Problem hat, hat die Lösung." Strukturierung und pragmatistische Handlungstheorie am Fall von Organisationswandel. In: Soziale Welt, Jg. 51, 2000, Nr. 2, S. 173-190

Holtgrewe, Ursula (2002): Das narrative Interview. In: Kühl, Stefan, Petra Strodtholz (Hg.) (2002): Methoden der Organisationsforschung. Reinbek bei Hamburg: Rowohlt, S. 71-102

Holtgrewe, Ursula (2006): Flexible Menschen in flexiblen Organisationen. Berlin: Edition Sigma

Jansen, Dorothea (2008): Organisationssoziologische Theorien. Traditionen und aktuelle Diskussionen. Hagen: FernUniversität (Studienbrief 33715)

Johnson, Gary, Leif Melin, Richard Whittington (2003): Micro Strategy and strategizing: towards an acitivity-based view? In: Journal of Management Studies, 40, 2003, 1, S. 3-22

Kappelhoff, Peter (2000): Rational Choice, Macht und die korporative Organisation der Gesellschaft. In: Ortmann, Günther, Jörg Sydow, Klaus Türk (Hg.) (2000): Theorien der Organisation. Opladen: Westdeutscher Verl., S. 218-258

Kieser, Alfred (1994): Fremdorganisation, Selbstorganisation und evolutionäres Management. In: Zeitschrift für betriebswirtschaftliche Forschung, Jg. 46, 1994, H. 3, S. 199-228

Kieser, Alfred (1998): Über die allmähliche Verfertigung der Organisation beim Reden. Organisieren als Kommunizieren. In: Industrielle Beziehungen, Jg. 5, 1998, H. 1, S. 4-75

Kieser, Alfred, Mark Ebers (Hg.) (2006): Organisationstheorien. 6., erw. Aufl. Stuttgart: Kohlhammer

Kieser, Alfred, Herbert Kubicek (1992): Organisation. 3., völlig überarb. Aufl. Berlin: deGruyter

Kirsch, Werner (1977): Einführung in die Theorie der Entscheidungsprozesse. Wiesbaden: Gabler

Kirsch, Werner (1998): Die Handhabung von Entscheidungsproblemen. Einführung in die Theorie der Entscheidungsprozesse. 5. Aufl. München

Klatetzki, Thomas (2006): Kluges Entscheiden in dynamischen und riskanten Umwelten. Eine Erläuterung auf vier Ebenen. In: Scherzberg, Arno (Hg.) (2006): Kluges Entscheiden. Tübingen: Mohr Siebeck, S. 143-165

Kleemann, Frank, Uwe Krähnke, Ingo Matuschek (2009): Interpretative Sozialforschung. Eine praxisorientierte Einführung. Wiesbaden: VS Verl. für Sozialwissenschaften
Klein, Gary (1997): Naturalistic decision making: where are we going? In: Zsambok, Caroline E., Gary Klein (1997): Naturalistic decision making. New Jersey: Erlbaum, S. 383-397
Kotthoff, Hermann (1998): Führungskräfte im Wandel der Firmenkultur. Quasi-Unternehmer oder Arbeitnehmer? 2. Aufl. Berlin: Edition Sigma
Kotthoff, Hermann, Alexandra Wagner (2008): Die Leistungsträger. Führungskräfte im Wandel der Firmenkultur – eine Follow-up-Studie. Berlin: Edition Sigma
Kühl, Stefan (2003): Organisationssoziologie. In: Orth, Barbara, Thomas Schwietring, Johannes Weiß (2003) (Hg.): Soziologische Forschung: Stand und Perspektiven. Opladen: Leske + Budrich, S. 379-387
Kühl, Stefan, Petra Strodtholz (Hg.) (2002): Methoden der Organisationsforschung. Reinbek bei Hamburg: Rowohlt
Küpper, Willi, Günther Ortmann (Hg.) (1988): Mikropolitik. Rationalität, Macht und Spiele in Organisationen. Opladen: Westdt. Verl.
Küsters, Ivonne (2006): Narrative Interviews. Grundlagen und Anwendungen. Wiesbaden: VS Verl. für Sozialwissenschaften
Liebold, Renate, Rainer Trinczek (2002): Experteninterview. In: Kühl, Stefan, Petra Strodtholz (Hg.) (2002): Methoden der Organisationsforschung. Reinbek bei Hamburg: Rowohlt, S. 33-71
Lindblom, Charles E. (1969): The science of "muddling through". In: Etzioni, Amitai (1969) (Hg.): Readings on modern organizations. Englewood Cliffs: Prentice-Hall, S. 154-166
Lipshitz, Richard, Gary Klein, Judith Orasanu, Eduardo Salas (2001): Focus article: Taking stock of naturalistic decision making. In: Journal of Behavioral Decision Making, 14, 2001, S. 331-352
Luhmann, Niklas (1984): Soziologische Aspekte des Entscheidungsverhaltens. In: Die Betriebswirtschaft, 44, 1984, S. 591-603
Luhmann, Niklas (1988): Organisation. In: Küpper, Willi, Günther Ortmann (Hg.) (1988): Mikropolitik. Rationalität, Macht und Spiele in Organisationen. Opladen: Westdt. Verl., S. 165-186
Luhmann, Niklas (1993): Die Paradoxie des Entscheidens. In: Verwaltungs-Archiv, 83, 1993, 3, S. 287-310
Luhmann, Niklas (1999, zuerst: 1964): Funktionen und Folgen formaler Organisation. 5. Aufl. Berlin: Duncker & Humblot
Luhmann, Niklas (2002): Organisation und Entscheidung. Opladen: Westdeutscher Verl.
Luhmann, Niklas (2005): Soziologische Aufklärung 3: Soziales System, Gesellschaft, Organisation. 4. Aufl. Opladen: Westdeutscher Verl.
March, James G., Herbert A. Simon (1958): Organizations. New York: Wiley
March, James G. (1962): Die Unternehmung als politische Koalition. In: Ders. (1990): Entscheidung und Organisation. Wiesbaden: Gabler, S. 115-130
March, James G. (1990): Entscheidung und Organisation. Wiesbaden: Gabler
March, James G. (1994): A primer on decision making. How decisions happen. New York: The Free Press

March, James G. (2001): „Wenn Organisationen wirklich intelligent werden wollen, müssen sie lernen, sich Torheiten zu leisten!" In: Bardmann, Theodor M., Torsten Groth (Hg.) (2001): Zirkuläre Positionen 3. Organisation, Management und Beratung. Opladen: Westdeutscher Verlag, S. 21-33
March, James G., Johan P. Olsen (1976): Ambiguity and choice in organizations. Bergen: Universitetsforlaget
March, James G., Johan P. Olsen (1986): Garbage can models of decision making in organizations. In: March, James G. et al. (1986) (Hg.): Ambiguity and Command. Marshfield: Pitman, S. 11-35
Mayntz, Renate, Fritz W. Scharpf (1995): Der Ansatz des akteurzentrierten Institutionalismus. In: Dies. (Hg.) (1995): Gesellschaftliche Selbstregelung und politische Steuerung. Frankfurt am Main: Campus Verl., S. 39-72
Miebach, Bernhard (2007): Organisationstheorie. Problemstellung – Modelle – Entwicklung. Wiesbaden: VS Verl. für Sozialwissenschaften
Miller, Susan J., David J. Hickson, David C. Wilson (1996): Decision-making in organizations. In: Clegg, Stewart C., Cynthia Hardy, Walter R. Nord (Hg.) (1996): Handbook of Organization Studies. London: Sage, S. 293-312
Moldaschl, Manfred (Hg.) (2003): Subjektivierung von Arbeit. 2., überarb. u. erw. Aufl. München: Hampp
Morgan, Gareth (1986): Images of organization. Beverly Hills: Sage
Neuberger, Oswald (1995): Mikropolitik. Stuttgart: Enke
Neuberger, Oswald (2000): Dilemmata und Paradoxa im Managementprozess. Grenzen der Entscheidungsrationalität. In: Schreyögg, Georg (Hg.) (2000): Funktionswandel im Management. Wege jenseits der Ordnung. Berlin: Duncker & Humblot, S. 174-219
Ortmann, Günther (1995): Mikropolitik, Strukturation, Rekursivität. In: Ders. (1995): Formen der Produktion. Organisation und Rekursivität. Opladen: Westdeutscher Verl., S. 27-124.
Ortmann, Günther (2004): Als Ob. Fiktionen des Organisierens. Wiesbaden: VS Verl. für Sozialwissenschaften
Ortmann, Günther, Jörg Sydow (Hg.) (2001): Strategie und Strukturation. Wiesbaden: Gabler
Ortmann, Günther, Jörg Sydow, Klaus Türk (Hg.) (2000): Theorien der Organisation. Opladen: Westdeutscher Verl.
Ortmann, Günter, Jörg Sydow, Arnold Windeler (2000): Organisation als reflexive Strukturation. In: Ortmann, Günther, Jörg Sydow, Klaus Türk (Hg.) (2000): Theorien der Organisation. Opladen: Westdeutscher Verl., S. 315-354
Ortmann, Günther, Arnold Windeler, Albrecht Becker, Hans-Joachim Schulz (1990): Grundbegriffe. In: Dies. (1990): Computer und Macht in Organisationen: Mikropolitische Analysen, S. 54-75
Perrow, Charles (1972): Complex organizations. A critical essay. New York: McGraw-Hill
Plessner, Henning (2006): Die Klugheit der Intuition und ihre Grenzen. In: Scherzberg, Arno (Hg.) (2006): Kluges Entscheiden. Tübingen: Mohr Siebeck, S. 109-120
Preisendörfer, Peter (2005): Organisationssoziologie. Grundlagen, Theorien und Problemstellungen. Wiesbaden: VS Verl. für Sozialwissenschaften

Pritzlaff, Tanja (2006): Entscheiden als Handeln. Eine begriffliche Rekonstruktion. Frankfurt am Main: Campus Verl.
Reckwitz, Andreas (2003): Grundelemente einer Theorie sozialer Praktiken: eine sozialtheoretische Perspektive. In: Zeitschrift für Soziologie, Jg. 32, H. 4, 2003, S. 282-301
Reichertz, Jo (2004): Objektive Hermeneutik und hermeneutische Wissenssoziologie. In: Flick, Uwe, Ernst von Kardorff, Ines Steinke (Hg.): Qualitative Forschung. Ein Handbuch. 3. Aufl. Reinbek bei Hamburg: Rowohlt Taschenbuch Verl., S. 514-524
Reichertz, Jo (2007): Abduction: The logic of discovery of Grounded Theory. In: Bryant, Antony, Kathy Charmaz (Hg.) (2007): The Sage Handbook of Grounded Theory, S. 214-228
Reichertz, Jo (2009): Die Macht der Worte und der Medien. Wiesbaden: VS Verl. für Sozialwissenschaften
Reichertz, Jo, Nadia Zaboura (Hg.) (2006): Akteur Gehirn – oder das vermeintliche Ende des handelnden Subjekts. Eine Kontroverse. Wiesbaden: VS Verl. für Sozialwissenschaften
Roth, Gerhard (2007): Persönlichkeit, Entscheidung und Verhalten. Stuttgart: Klett-Cotta
Schatzki, Theodore (1996): Social Practices. Cambridge: Univ. Press
Schatzki, Theodore, Karin Knorr-Cetina, Eike von Savigny (Hg.) (2001): The practice turn in contemporary theory. London: Routledge
Scherzberg, Arno (Hg.) (2006): Kluges Entscheiden. Tübingen: Mohr Siebeck
Schimank, Uwe (2002): Handeln und Strukturen. Einführung in die akteurtheoretische Soziologie. 2. Aufl. Weinheim: Juventa
Schimank, Uwe (2005): Die Entscheidungsgesellschaft. Komplexität und Rationalität der Moderne. Wiesbaden: VS Verl. für Sozialwissenschaften
Schimank, Uwe (2008): Organisationssoziologie. In: Ders., Sylvia Marlene Wilz (2008) (Hg.): Organisationssoziologische Grundlagen. Klassische Texte zur Einführung. Hagen: FernUniversität (Studienbrief 33720), S. 11-40
Schimank, Uwe, Sylvia Marlene Wilz (2008): Entscheidungen: rationale Wahl oder praktisches Gelingen? In: Rehberg, Karl-Siegbert (Hg.) (2008): Die Natur der Gesellschaft. Verhandlungen des 33. Kongresses der Deutschen Gesellschaft für Soziologie in Kassel 2006. CD-Rom. Frankfurt am Main: Campus Verl.
Schimank, Uwe (2009): Wichtigkeit, Komplexität und Rationalität von Entscheidungen. In: Weyer, Johannes, Ingo Schulz-Schaeffer (Hg.) (2009): Management komplexer Systeme. Konzepte für die Bewältigung von Intransparenz, Unsicherheit und Chaos. München: Oldenbourg, S. 55-71
Schmid, Michael (2004): Die Theorie rationaler Wahl. Bemerkungen zu einem Forschungsprogramm. In: Ders. (2004): Rationales Handeln und soziale Prozesse. Beiträge zur soziologischen Theoriebildung. Wiesbaden: VS Verl. für Sozialwissenschaften, S. 146-170
Schnabel, Annette (2005): Gefühlvolle Entscheidung und entscheidende Gefühle. Emotionen als Herausforderung für Rational Choice-Theorien. In: Kölner Zeitschrift für Soziologie und Sozialpsychologie, 57, 2005, 2, S. 278-307
Schneider, Wolfgang Ludwig (2002): Die Generalisierung des zweckrationalen Handlungstyps: Rational Choice. In: Ders. (2002): Grundlagen der soziologischen Theorie. Wiesbaden: Westdeutscher Verl., S. 83-183

Schönberger, Klaus, Silke Springer (Hg.) (2003): Subjektivierte Arbeit. Mensch, Organisation und Technik in einer entgrenzten Arbeitswelt. Frankfurt am Main: Campus Verl.
Schreyögg, Georg (1991): Der Managementprozeß – neu gesehen. In: Managementforschung, 1, 1991, S. 255-289
Schreyögg, Georg (2000): Funktionswandel im Management: Problemaufriss und Thesen. In: Ders. (2000) (Hg.): Funktionswandel im Management. Wege jenseits der Ordnung. Berlin: Duncker & Humblot, S. 15-30
Schreyögg, Georg (2003): Organisation. Grundlagen moderner Organisationsgestaltung. 4., vollst. überarb. und erw. Aufl. Wiesbaden: Gabler
Schütz, Alfred (2004): Der sinnhafte Aufbau der sozialen Welt. Konstanz: UVK Verl.-Ges.
Scott, William Richard (1981): Organisations. Rational, natural and open systems. Englewood Cliffs: Prentice Hall
Senge, Konstanze, Kai-Uwe Hellmann (Hg.) (2006): Einführung in den Neo-Institutionalismus. Wiesbaden: VS Verl. für Sozialwissenschaften
Steinmann, Horst, Georg Schreyögg (1997): Management. Grundlagen der Unternehmensführung: Konzepte, Funktionen, Praxisfälle. 4., überarb. Aufl. Wiesbaden: Gabler
Strauss, Anselm L. (1998): Grundlagen qualitativer Sozialforschung. 2. Aufl. München: Fink
Strauss, Anselm L., Juliet Corbin (1996): Grounded Theory. Grundlagen qualitativer Sozialforschung. Weinheim: Psychologie Verl.-Union
Strübing, Jörg (2004): Grounded Theory. Zur sozialtheoretischen und epistemologischen Fundierung des Verfahrens der empirisch begründeten Theoriebildung. Wiesbaden: VS Verl. für Sozialwissenschaften
Taylor, Frederick W. (2004, zuerst: 1913): Die Grundsätze wissenschaftlicher Betriebsführung. Saarbrücken: Verl. Dr. Müller
Türk, Klaus (1989): Neuere Entwicklungen in der Organisationsforschung. Ein Trendreport. Stuttgart: Enke
Walgenbach, Peter (2006): Giddens' Theorie der Strukturierung. In: Kieser, Alfred (Hg.) (2006): Organisationstheorien. 6., erw. Aufl. Stuttgart: Kohlhammer, S. 355-375
Walter-Busch, Emil (1996): Organisationstheorien von Weber bis Weick. Amsterdam: Verl. Fakultas.
Weber, Max (1980, zuerst: 1921): Wirtschaft und Gesellschaft. 5., rev. Aufl., Studienausg. Tübingen: Mohr Siebeck
Weick, Karl E. (1998): Der Prozeß des Organisierens. 2. Aufl. Frankfurt am Main: Suhrkamp
Weick, Karl, Kathleen M. Sutcliffe (2003): Das Unerwartete managen. Wie Unternehmen aus Extremsituationen lernen. Stuttgart: Klett-Cotta
Weihrich, Margit (2002): Die Rationalität von Gefühlen, Routinen und Moral. In: Berliner Journal für Soziologie, 2002, 2, S. 189-209
Weik, Elke, Rainhart Lang (Hg.) (2003): Moderne Organisationstheorien. Bd. 1. u. 2. Wiesbaden: Gabler
Whittington, Richard (2003): The work of strategizing and organizing: for a practice perspective. In: Strategy, 1, 2003, 1, S. 119-127

Whittington, Richard (2006): Completing the practice turn in strategy research. In: Organization Studies, 27, 2006, 5, S. 613-634
Wiesenthal, Helmut (1987): Rational Choice. Ein Überblick über Grundlinien, Theoriefelder und neuere Themenakquisition eines sozialwissenschaftlichen Paradigmas. In: Zeitschrift für Soziologie, 16, 1987, 6, S. 434-449
Wilz, Sylvia Marlene (2002): Organisation und Geschlecht. Strukturelle Bindungen und kontingente Kopplungen. Opladen: Leske + Budrich
Wilz, Sylvia Marlene (2009): Entscheidungen als Prozesse gelebter Praxis. In: Böhle, Fritz, Margit Weihrich (2008) (Hg.): Handeln unter Unsicherheit. Wiesbaden: VS Verl. für Sozialwissenschaften, S. 107-122
Windeler, Arnold (2001): Unternehmungsnetzwerke. Konstitution und Strukturation. Wiesbaden: VS Verl. für Sozialwissenschaften
Witte, Eberhard (Hg.) (1977): Entscheidungstheorie. Texte und Analysen. Wiesbaden: Gabler
Wittek, Rafael, Andreas Flache (2002): Rational Choice und Organisationstheorie. In: Allmendinger, Jutta, Thomas Hinz (2002) (Hg.): Organisationssoziologie. Opladen: Westdeutscher Verl., S. 55-87

MIX
Papier aus verantwortungsvollen Quellen
Paper from responsible sources
FSC® C105338

If you have any concerns about our products,
you can contact us on
ProductSafety@springernature.com

In case Publisher is established outside the EU,
the EU authorized representative is:
**Springer Nature Customer Service Center GmbH
Europaplatz 3, 69115 Heidelberg, Germany**

Printed by Libri Plureos GmbH
in Hamburg, Germany